Kauderwelsch
Band 40

Foto: NW

An vielen Gebäuden wird an Freiheit, Gleichheit und Brüderlichkeit erinnert

Impressum

Gabriele Kalmbach
Französisch – Wort für Wort
erschienen im
Reise Know-How Verlag Peter Rump GmbH
Osnabrücker Str. 79, D-33649 Bielefeld
info@reise-know-how.de

20. Auflage 2015

Bearbeitung Peter Rump
Layout Peter Rump, Kathrin Raschke
Layout-Konzept Günter Pawlak, FaktorZwo! Bielefeld
Fotos Gabriele Kalmbach (GK), Nadja Werner (NW), Peter Rump (PR), Eberhard Homann (EH), Christine Schönfeld (CS), e2marketing_de@Fotolia.com, Gautier_Willaume@Fotolia.com
Druck und Bindung Werbedruck GmbH Horst Schreckhase, Spangenberg

ISBN: 978-3-8317-6431-0
Printed in Germany

Dieses Buch ist erhältlich in jeder Buchhandlung Deutschlands, Österreichs, der Schweiz und der Benelux-Staaten. Bitte informieren Sie Ihren Buchhändler über folgende Bezugsadressen:
BRD Prolit GmbH, Postfach 9, 35461 Fernwald (Annerod) sowie alle Barsortimente
Schweiz AVA-buch 2000, Postfach 27, CH-8910 Affoltern
Österreich Mohr Morawa Buchvertrieb GmbH, Sulzengasse 2, A-1230 Wien
Belgien & Niederlande Willems Adventure, www.willemsadventure.nl
direkt Wer im Buchhandel kein Glück hat, bekommt unsere Bücher zuzüglich Porto- und Verpackungskosten auch direkt über unseren Internet-Shop: ***www.reise-know-how.de.***

Kauderwelsch

Gabriele Kalmbach

Französisch

Wort für Wort

Zu diesem Buch
ist ein AusspracheTrainer
als Download erhältlich:
www.reise-know-how.de

Auch auf Audio-CD:
ISBN 978-3-8317-6026-8

Das gesamte Buch
inkl. AusspracheTrainer
gibt es auch als CD-ROM:
ISBN 978-3-8317-6012-1

Reise Know-How
im Internet
www.reise-know-how.de
info@reise-know-how.de

Kauderwelsch-Sprachführer sind anders!

Warum? Weil sie Sie in die Lage versetzen, wirklich zu sprechen und die Leute zu verstehen.

Wie wird das gemacht? Abgesehen von dem, was jedes Sprachbuch bietet, nämlich Vokabeln, Beispielsätze etc., zeichnen sich die Bände der Kauderwelsch-Reihe durch folgende Besonderheiten aus:

Die **Grammatik** wird in einfacher Sprache so weit erklärt, dass es möglich wird, ohne viel Paukerei mit dem Sprechen zu beginnen, wenn auch nicht gerade druckreif.

Alle Beispielsätze werden doppelt ins Deutsche übertragen: zum einen **Wort-für-Wort,** zum anderen in „ordentliches" Hochdeutsch. So wird das fremde Sprachsystem sehr gut durchschaubar. Denn in einer fremden Sprache unterscheiden sich z. B. Satzbau und Ausdrucksweise recht stark vom Deutschen. Ohne diese Übersetzungsart ist es so gut wie unmöglich, schnell einzelne Wörter in einem Satz auszutauschen.

Die **Autorinnen** und **Autoren** der Reihe sind Globetrotter, die die Sprache im Land selbst gelernt haben. Sie wissen daher genau, wie und was die Leute auf der Straße sprechen. Deren Ausdrucksweise ist nämlich häufig viel einfacher und direkter als z. B. die Sprache der Literatur oder des Fernsehens.

Besonders wichtig sind im Reiseland **Körpersprache, Gesten, Zeichen** und **Verhaltensregeln,** ohne die auch Sprachkundige kaum mit Menschen in guten Kontakt kommen. In allen Bänden der Kauderwelsch-Reihe wird darum besonders auf diese Art der nonverbalen Kommunikation eingegangen.

Kauderwelsch-Sprachführer sind keine Lehrbücher, aber viel mehr als traditionelle Sprachführer! Wenn Sie ein wenig Zeit investieren und einige Vokabeln lernen, werden Sie mit ihrer Hilfe in kürzester Zeit schon Informationen bekommen und Erfahrungen machen, die „sprachlosen" Reisenden verborgen bleiben.

Inhalt

Inhalt

Foto: GK

Centre Pompidou, Paris

Vorwort

„Als Gott das Französische schuf, da gab er uns die Regel, dann erfand er die Ausnahme, um uns in Versuchung zu führen" – so kommentiert ein französischer Linguist seine Sprache. Schwierigkeiten mit den tausend Ausnahmen von der Regel haben selbst die Franzosen; bei den regelmäßigen nationalen Rechtschreibwettbewerben gibt es kaum Teilnehmer mit null Fehlern.

Ganz so schwierig wie es scheint, ist es aber doch nicht, Französisch zu lernen. Dieser Kauderwelsch-Sprechführer (mit Betonung auf Sprechen) ist ein Buch für Leute, denen es nicht um superperfekte Sprachkenntnis geht, sondern die das Französische so weit beherrschen wollen, dass sie verstehen und verstanden werden, im täglichen Leben, auf Reisen, und im näheren Kontakt zu Franzosen, nicht nur in rein touristischen Situationen. Vorausgesetzt wird gar nichts außer Neugier und Lust zum Weiterlernen im Land.

Aus dem Interesse an einem Land und seinen Bewohnern lässt sich nämlich ganz ohne Sprachkenntnisse so gut wie nichts machen. Erst im Gespräch erfährt man Wissenswertes, erhält man Einblicke in Unterschiede, was Mentalität, Bräuche, Tradition und Aktuelles betrifft. In Frankreich wird man sicher weniger Franzosen treffen, die sich mit Fremden auf Englisch oder Deutsch unterhalten, dafür aber umso mehr, die bereit sind, Fehler zu verbessern. Die Franzosen sind stolz auf ihre Sprache und finden es fast selbstverständlich, dass Sie sie auch sprechen.

Im Kauderwelsch-Band Französisch wird allerdings von vornherein versucht, die häufigsten Fehlerquellen gleich ganz auszuschalten. Alles Komplizierte fällt erst einmal weg, Ausnahmen werden nur in Einzelfällen geklärt und insgesamt immer die einfachste Lösung vorgeschlagen. Dazulernen kann man immer noch!

Gebrauchsanweisung

Der Kauderwelsch-Sprechführer besteht aus drei Teilen: aus Grammatik, Konversation und einer Wörterliste. Auf ein Wörterbuch sollte man aber dennoch nicht verzichten.

Wort-für-Wort-Übersetzungen werden häufig angegeben, damit man die Satzstruktur leichter durchschaut und selbst andere Wörter einsetzen kannt.

Die **Lautschrift** *(kursiv)* ist ebenfalls aufgenommen, da im Französischen die Aussprache sehr anders als die Schreibweise ist.

In der **Grammatik** gibt es, wie schon erwähnt, extrem viele Ausnahmen, etwa bei den unregelmäßigen Verben. Hier verzichte ich auf eine Klärung aller Details: Man wird auch verstanden, wenn man ein unregelmäßiges Verb regelmäßig verwendet. Die Heiterkeit klärt schnell genug über Fehler auf. In sol-

Hören Sie sich Aussprachebeispiele mit Ihrem Smartphone an! Ausgewählte Kapitel im Konversationsteil sind dafür mit einem QR-Code ausgestattet.

chen Situationen fragt man nach der richtigen Form, und dann behält man sie auch.

In diesem Buch steht die Verständigung im Vordergrund. Der Grammatikteil verzichtet zugunsten der Les- und Lernbarkeit auf Vollständigkeit. Im Einzelfall wird jeweils die einfachste Version gewählt. So werden z. B. bei den Zeiten der Verben nur die drei einfachsten und wichtigsten vorgestellt

Wo man Französisch spricht

Gesprochen wird Französisch in sehr vielen Ländern:

Als **Muttersprache** und offizielle Sprache in Frankreich, in Teilen Belgiens, der Schweiz und Kanadas (Québec), in Monaco, Haiti und den Überseegebieten Saint-Pierre-et-Miquelon, Guadeloupe, Martinique, Frz.-Guyana, Réunion, Mayotte, Neukaledonien, Frz.-Polynesien und Wallis-et-Futuna.

Als **offizielle Sprache und Schulsprache** wird Französisch in Benin, Burkina-Faso, Burundi, Djibouti, der Elfenbeinküste, Gabun, Guinea, Kamerun, den Komoren, der Republik Kongo, der Demokratischen Republik Kongo, Madagaskar, Mali, Niger, Ruanda, Senegal, den Seychellen, Tschad, Togo und der Zentralafrikanischen Republik gesprochen.

In manchen Großstädten dieser afrikanischen Länder wird Französisch mittlerweile auch schon als Muttersprache gesprochen.

In Europa ist es Amtssprache in Luxemburg.

Verkehrssprache ist Französisch in Andorra sowie in Algerien, Marokko, Mauretanien, Tunesien, Libanon, Kambodscha, Vietnam, Laos und Mauritius – und als ehemalige Kolonialsprache dort immer noch weit verbreitet.

In folgenden Regionen hat Französisch einen **offiziell anerkannten** Status: Jersey, Aostatal, Louisiana, New Brunswick (Kanada), Pondichéry (Indien).

Je nach Land wird man Unterschiede im Wortschatz, in der Aussprache und Betonung feststellen. Es gibt bereits spezielle Kauderwelsch-Bände **Französisch für Tunesien** und **Französisch für den Senegal.** Man sollte im jeweiligen Land auf den Status der Sprache achten: Nur zum Teil ist Französisch die Muttersprache, in manchen Ländern ist es „nur" Amtssprache, in anderen – nicht immer gern gesehenes – Relikt der alten Kolonialmacht.

In Frankreich selbst gibt es eine sehr starke zentralistische Tradition, der es seit dem 17. Jh. ein Anliegen war, Französisch als Nationalsprache zu vereinheitlichen, die schriftsprachliche Norm festzulegen und die Dialekte und Regionalsprachen auszumerzen. Heute gibt es wieder starke Regionalbewegungen, die sich für politische Dezentralisierung einsetzen. Diese Autonomiebestrebungen betreffen natürlich auch die jeweilige Sprache. Das sind unter anderem: **Okzitanisch, Bretonisch, Baskisch, Elsässerdütsch.** Inzwischen kann man diese Sprachen auch wieder lernen. Häufig findet man Graffiti, Autoaufkleber mit Parolen u. a in den Regionalsprachen. Französisch ist aber für Sie als Ausländer immer die Verständigungssprache.

Seitenzahlen

Um Ihnen den Umgang mit den Zahlen zu erleichtern, ist auf jeder Seite die Seitenzahl auch auf Französisch angegeben!

Aussprache & Betonung

Leider wird das Französische nicht so gesprochen, wie man es schreibt. Hinzu kommt, dass die Buchstaben für sich alleine genommen eigene Namen haben, die unabhängig von ihrer Aussprache innerhalb eines Wortes sein können. Man muss die Buchstabenbezeichnungen kennen, da man sicherlich häufig in die Situation kommen wird, seinen Namen buchstabieren zu müssen. Ich stelle also deshalb zuerst die Buchstaben vor, die anders als im Deutschen bezeichnet werden.

Buchstabe	Aussprache
c	*ße*
e	*ö* (ähnlich wie das unbetonte „e" in „Näss**e**")
g	*she* (wie „j" in „Journal")
h	*asch*
j	*shi* (wie „j" in „Journal")
q	*kü*
u	*ü*
v	*we*
w	*dublö we*
y	*i gräk*
z	*säd*

Aussprache und Lautschrift im Wort

Wie gleich am Umfang der folgenden Liste zu sehen ist, gibt es eine Vielzahl von Ausspracheregeln. Da man sich das sicherlich nicht alles sofort merken kann, habe ich im Text häufig die Lautschrift mit angegeben.

Konsonanten

Die Buchstaben f, k, l, m, n, p, r, t werden wie im Deutschen ausgesprochen. Bei folgenden Konsonanten sieht das anders aus:

Buchstabe		Aussprache	Beispielwort
c	*ß*	vor e, i, y wie in „Gla**s**";	**merci** *märßi*
	k	sonst wie unser „k"	**café** *kafe*
ç	*ß*	vor übrigen Vokalen	**français** *frãßä*
ch	*sch*	wie in „**Sch**rank"	**chercher** *schärsche*
g	*sh*	vor e, i, y wie in „Gara**g**e";	**manger** *mãshe*
	g	sonst wie unser „g"	**garçon** *garßõ*
gn	*nj*	wie in „So**nj**a"	**signe** *ßinj*
h		wird nicht mitgesprochen	**homme** *om*
ill	*j*	wie in „**J**ahr"	**travailler** *trawaje*
ille	*ij*	nur am Wortende: „i" + „j"-Laut	**famille** *famij*
j	*sh*	wie „g" in „Gara**g**e", aber vor allen Vokalen	**je** *shö*
q	*k*	wie unser „k"	**qui** *ki*
s	*s*	zwischen Vokalen stimmhaft wie in „Ro**s**e";	**réserver** *resärwe*
	ß	am Wortanfang stimmlos wie in „Gla**s**"	**soleil** *ßoläj*
v	*w*	wie in „**W**agen"	**vous** *wu*
w	*w*	wie in „**W**agen"	**wagon** *wagõ*
z	*s*	wie in „Ro**s**e"	**zoo** *soh*
x	*ß*	wie in „Ha**ss**"	**dix** *diß*

Vokale

Bei den Vokalen ist darauf zu achten, dass sie ihre Aussprache verändern, je nachdem, welches Akzentzeichen darauf steht, bzw. welche Konsonanten ihnen folgen oder vorangehen:

Buchst.		Aussprache	Beispielwort
a, à, â	*a*	wie in „R**a**sen"	**malade** *malad*
e	*ö*	wie in „Hos**e**", (unbetont), bleibt am Wortende oft stumm;	**regarde** *rögard*
	ä	im Inneren eines Wortes offenes „e" (=„ä") wie in „R**e**st"	**belle** *bäl*
é	*e*	geschlossenes „e" wie in „T**ee**"	**été** *ete*
è, ê	*ä*	offenes „e"=„ä" wie in „Lärm"	**même** *mäm* **mère** *mär*
er, et, ez	*e*	am Wortende wie é (s. o.)	**porter** *porte* **venez** *wöne*
i	*i*	kurz, wie in „**i**n"	**il** *il*
o, ô	*o*	offen wie in „P**o**st";	**bonne** *bon*
	oh	geschlossen wie in „B**oo**t", oft lang	**rose** *rohs* **trop** *troh*
u	*ü*	wie in „**ü**ber"	**sur** *ßür*
y	*i*	wie unser „i"	**Yvonne** *iwon*

Doppellaute

ai, ay, ey, ei	*ä*	am Wortende bzw. vor Konsonant offen wie in „M**ä**rz"	**j'ai** *shä* **peine** *pän*
ail	*aj*	am Wortende wie „ai" in „M**ai**"	**travail** *trawaj*
eau, au	*oh*	geschlossen wie in „B**oh**ne"	**chaud** *schoh* **beau** *boh*
eu, eû, œ	*ö*	wie in „b**ö**se"	**jeune** *shön* **œil** *öj*
oi, oy	*oa*	wie in „**Oa**se", aber kürzer	**trois** *troa* **moi** *moa*
ou	*u*	wie in „M**u**t"	**doute** *dut*
ui	*üi*	sehr kurzes „ü" + „i"	**nuit** *nüi*

Betonung

Noch ein Beispiel: merci *wird märßi betont, also nicht wie in der Schweiz „märci". Alle anderen Wörter der Wortgruppe verlieren weitgehend ihre lautliche Selbstständigkeit und gehen ineinander über.*

Normalerweise wird im Französischen die letzte Silbe eines Wortes betont (z. B. bonjour „guten Tag": Betonung auf jour). Im Deutschen wird dagegen oft die erste Silbe betont. Allerdings trägt innerhalb des Satzes in zusammenhängenden Wortgruppen nur die letzte Silbe der Gesamtgruppe die Betonung.

Nasallaute

Diese Laute lassen sich nur schwer in unserer Sprache zu Papier bringen, da das Deutsche Entsprechendes nicht kennt. Mit ein wenig Übung wird man aber schnell dahinter kommen. Achten Sie einfach darauf, wie es die

Leute aussprechen. Am ehesten lassen sich die Nasale mit der Wirkung des „nk" auf die Aussprache des „o" in „Onkel" vergleichen. Die jeweilige Lautfärbung entspricht dem dazugehörigen Vokal. In der Lautschrift kennzeichne ich die nasalierten Vokale mit Tilde (ã, ẽ, õ).

Laut	Aussprache	Beispiel
ẽ	wie in „Manneq**uin**"	**faim** *fẽ*, **pain** *pẽ*, **matin** *matẽ*, **un** *ẽ*
õ	wie in „Fass**on**"	**maison** *mäsõ*, **garçon** *garßõ*
ã	wie in „Abonnem**ent**"	**tante** *tãt*, **lampe** *lãp*

Folgende häufig vorkommende Wortendungen enthalten nasalierte Vokale:

-tion	*ßjõ*	**attention**	*atãßjõ*
-ent	*ã*	**lent**	*lã*
-ment	*mã*	**comment**	*komã*
-ien	*iẽ*	**gardien**	*gardiẽ*

Generell kann man sagen, dass ein Vokal dann nasaliert ausgesprochen wird, wenn ihm unmittelbar ein n *oder* m *folgt und wiederum danach kein Vokal steht (gilt nur innerhalb desselben Wortes). Stehen also* n *bzw.* m *am Wortende oder vor anderem Konsonant im Wortinneren, kann man davon ausgehen, dass der vorangegangene Vokal nasal ist*

Aussprachebesonderheiten und Bindung

Normalerweise werden die Endkonsonanten eines Wortes (wie p oder m) sowie e ohne Akzentzeichen am Wortende *nicht* mitgesprochen.

e	wird am Ende eines Wortes **nicht** mitgesprochen: **rose** *rohs*, **famille** *famij*, **Madame** *madam*

s	wird am Wortende **nicht** mitgesprochen: **les soirs** *le ßoar,* **vous** *wu,* **jus** *shü;* aber: wenn das folgende Wort mit einem Vokal anfängt, wird das End-s doch ausgesprochen, und zwar stimmhaft wie ein s-Laut zwischen Vokalen innerhalb eines einzigen Wortes (man sagt, das s wird „gebunden", d. h. hinübergezogen): **vous avez** *wu-sawe,* **nous allons** *nu-sallõ*
	Vokale werden normal **kurz** gesprochen: **il** *il,* **avec** *awäk,* **sur** *ßür* **gelängt** werden sie u. a. vor s: **rose** *rohs,* **chose** *schohs,* **pause** *pohs;* und oft vor r: **mère** *mä(h)r*

eine kleine Ausspracheübung

Die wichtigsten Begrüßungs- und Verabschiedungsformeln hier schon mal vorweg mit der Lautschrift – das sind ja die Wörter, die man jeden Tag braucht.

S'il vous plaît *wird oft abgekürzt geschrieben:* svp

das geht

Bonjour!	*bõshur*	Guten Tag!
Bonne nuit!	*bon nüi*	Gute Nacht!
Bonsoir!	*bõßoar*	Guten Abend!
Au revoir!	*oh röwoar*	Auf Wiedersehen!
Salut!	*ßalü*	Hallo!
A bientôt!	*a biẽtoh*	Bis bald!
S'il vous plaît.	*ßilwuplä*	Bitte
Merci.	*märßi*	Danke.
Ça va?	*ßa wa*	Wie geht's?

Ausdrücke, die weiterhelfen

Bevor wir mit der Grammatik anfangen, hier erst einmal vier Ausdrücke, die sehr gebräuchlich sind und dabei leicht zu merken. Damit kann man sich in vielen Situationen schon mal durchschlagen.

il y a

Dieser Ausdruck heißt „es gibt" (Wort-für-Wort: *es hier hat*) und kann sowohl für Aussagen als auch für Fragen verwendet werden. Beim Fragen die Stimme anheben!

Il y a un taxi?
ilja ẽ taxi
Gibt es ein Taxi?

Il y a une plage?
ilja ün plash
Gibt es einen Strand?

Il y a un médecin?
ilja ẽ medßẽ
Gibt es einen Arzt?

Und so weiter; da kann man alles einsetzen, wonach man fragen will. Eine mögliche Antwort kann entweder „ja" oder „nein" sein, oder auch ein ganzer Satz:

Oui (il y a un taxi).
ui ilja ẽ taxi
Ja (es gibt ein Taxi).

Non (il n'y a pas de taxi).
nõ ilnja pa dö taxi
Nein (es gibt kein Taxi).

Kauderwelsch-AusspracheTrainer
*Falls Sie sich die wichtigsten französischen Sätze, die in diesem Buch vorkommen, einmal von einem Einheimischen gesprochen anhören möchten, brauchen Sie den **AusspracheTrainer** zu diesem Buch. Sie bekommen ihn als **MP3-Download** über unseren Internetshop **www.reise-know-how.de** oder auf Audio-CD in Ihrer Buchhandlung. Alle Sätze, die Sie auf dem **Kauderwelsch-AusspracheTrainer** hören können, sind in diesem Buch mit einem Ohr ( ) gekennzeichnet.*

Foto: GK

Touristen in Paris

Non, il n'y en a pas.
nõ ilnjãna pa
Nein, es gibt keins.

Où est ...

Damit kann man nach Orten fragen.

Où est la route vers Lille?
u ä la rut wär lil
Wo ist die Straße nach Lille?

Où est le cinéma?
u ä lö ßinema
Wo ist ein Kino?

Où est l'arrêt de bus?
u ä larä dö büß
Wo ist die Bushaltestelle?

Nun kann man schon nach einer Reihe von Dingen fragen. Dazu noch zwei typische Ausdrücke, die geschrieben schwer aussehen, die man aber einfach nur nach der Lautschrift auswendig lernen sollte. Betont wird jeweils nur die letzte Silbe.

Qu'est-ce que c'est?
käßkö ßä
was'ist-dies was es'ist
Was ist das ?

Qu'est-ce qu'il y a?
käß kilja
was'ist-dies was'es da hat
Was ist los?

Foto: GK

Metro-Station mit Jugendstileingang von Hector Guimard, Paris

Grammatik

Die Grammatik wird hier so ausführlich vorgestellt, dass man das Bauprinzip der Sprache versteht und selbst Sätze bilden kann und eben nicht nur vorgegebene Redewendungen wiederholen muss. Man muss nicht alles lernen, kann aber jederzeit zurückblättern.

Allerdings verzichte ich, wie schon erwähnt, darauf, jeden Spezialfall und jede Ausnahme zu erklären – hier geht es nur um die Grundregeln. Wenn man sich damit ein wenig beschäftigt, ist eine Grundvoraussetzung dafür geschaffen, dass man im Land selbst möglichst schnell und viel dazu lernt.

Erläuterung der Abkürzungen

Mz	Mehrzahl
Frz	Französisch
Dt	Deutsch
m	männlich
w	weiblich
svp	**s'il vous plaît** *ßilwuplä* (bitte)
qn	**quelqu'un** *kälkẽ* (jemand)
qch	**quelque chose** *kälkö schohs* (etwas)

Hauptwörter

Hauptwörter können entweder männlich oder weiblich sein; sächliche Wörter wie im Deutschen gibt es nicht. Das vereinfacht die Sache einerseits erheblich, andererseits ist es sinnvoll, das Geschlecht eines Wortes immer mitzulernen, denn es gibt bei den Wörtern nicht unbedingt Entsprechungen zur Zuordnung der Geschlechter im Deutschen (z. B. der Mond = la lune, *w*; die Sonne = le soleil, *m*).

Es gibt ein paar Regeln, wie man an der Wortendung das Geschlecht erkennen kann (Ausnahmen müssen natürlich wieder einkalkuliert werden).

weibliche Endungen		
-tié	**l'amitié**	Freundschaft
-tion	**l'attention**	Aufmerksamkeit
-erie	**la boulangerie**	Bäckerei
-té	**la nationalité**	Nationalität
-ence	**l'essence**	Benzin
-esse	**la sagesse**	Weisheit
-tie	**la partie**	Teil
-ise	**la sottise**	Dummheit

Jahreszeiten, Wochentage, Monate und Himmelsrichtungen sind alle männlich.

männliche Endungen		
-on	**le garçon**	Junge
-age	**le voyage**	Reise
-eau	**le bateau**	Schiff
-ail	**le travail**	Arbeit
-ment	**le monument**	Denkmal

Mehrzahl

Die Mehrzahl wird ganz simpel gebildet: einfach ein -s anhängen – und dieses normalerweise nicht aussprechen! Gebunden (siehe Kapitel „Aussprache") wird es, wenn ein mit Vokal oder mit stummem h beginnendes Wort folgt.

Einzahl		
le copain	*lö kopẽ*	der Freund
la copine	*la kopin*	die Freundin
l'ordinateur	*lordinatör*	der Computer

Mehrzahl		
les copains	*le kopẽ*	die Freunde
les copines	*le kopin*	die Freundinnen
les ordinateurs	*les-ordinatör*	die Computer

Wie man aus dem Vergleich der Lautschrift ersehen kann, geht in der Aussprache die Mehrzahl gar nicht aus dem Hauptwort selbst, sondern nur aus der Form des Artikels hervor.

Auch bei der Mehrzahlbildung gibt es Ausnahmen. So wird z. B. an Hauptwörter mit der Endung -eau ein -x angehängt, das aber ebenfalls nicht ausgesprochen wird.

le bateau	**les bateaux**
lö batoh	*le batoh*
das Schiff	die Schiffe

Artikel

Entsprechend den Geschlechtern gibt es im Französischen nur zwei verschiedene bestimmte Artikel – den männlichen le und den weiblichen la. Die Mehrzahl lautet für beide Geschlechter gleich und heißt les.

bestimmte Artikel

le *lö* (männlich)		
le copain	*lö kopẽ*	der Freund
le garçon	*lö garßõ*	der Junge
le vélo	*lö weloh*	das Rad

la *la* (weiblich)		
la copine	*la kopin*	die Freundin
la femme	*la fam*	die Frau
la voiture	*la woatür*	das Auto

Vor einem Vokal sowie vor dem stummen h werden beide zu l':

l'homme	*lom*	der Mann
l'argent	*larshã*	das Geld

In der Mehrzahl heißt der Artikel für beide Geschlechter les *le*:

les hommes	*les-om*	die Männer
les femmes	*le fam*	die Frauen
les enfants	*les-ãfã*	die Kinder

unbestimmte Artikel

Es gibt wieder nur zwei: un (m) und une (w):

un vélo	*ẽ weloh*	ein Fahrrad
une voiture	*ün woatür*	ein Auto

In der Mehrzahl lautet er wieder für beide Geschlechter gleich: des *de*.

Im Deutschen gibt es keinen unbestimmten Artikel in der Mehrzahl, im Französischen schon.

des vélos	*de weloh*	Fahrräder
des ordinateurs	*des-ordinatör*	Computer

Teilungswörter

Etwas Ähnliches gibt es im Deutschen gar nicht. Bei nicht zählbaren oder undefinierten Mengen lassen wir nämlich einfach den Artikel weg und sagen z. B. „ich möchte Wasser". Im Französischen muss man sagen: „ich möchte *von dem* Wasser". Das Wort de (von) wird hierzu jeweils mit den bestimmten Artikeln (le, la, les) kombiniert.

männlich: **de le**	wird zu **du** *dü*
weiblich: **de la**	bleibt **de la** *dö la*
Mehrzahl: **de les**	wird zu **des** *de*

Bei einem Wort mit Vokal oder stummem h *bleibt jedoch der apostrophierte Artikel, das* l'*, erhalten und verändert sich nicht (z. B.* de l' eau *dö loh = Wasser).*

Man wird natürlich auch verstanden, wenn man den Teilungsartikel noch nicht ganz richtig gebraucht. Wichtiger ist, dass man versteht, was gemeint ist, wenn man solch eine Form zu hören bekommt.

Je veux du café.
shö vö dü kafe
Ich möchte (von dem) Kaffee.

Je veux de la confiture.
shö wö dö la kõfitür
Ich möchte (von der) Marmelade.

Tu veux du thé ou du café?
tü wö dü te u dü kafe
Möchtest du (von dem) Tee oder (von dem) Kaffee?

Ähnlich:

de l'eau	*dö loh*	Wasser
du vin	*dü vẽ*	Wein
du pain	*dü pẽ*	Brot
du vent	*dü vã*	Wind
du brouillard	*dü brujar*	Nebel

Fürwörter

In Frankreich wird teilweise noch viel mehr auf formelle Höflichkeit geachtet als in Deutschland. Im Zweifelsfall liegt man mit Siezen richtiger als mit vorschnellem Duzen.

Die persönlichen Fürwörter unterscheiden sich in zwei Dingen vom Deutschen:

Die höfliche Anredeform ist nicht die dritte, sondern die zweite Person Mehrzahl, also die „ihr"-Form. Voulez-vous *wulewu* heißt also sowohl „wollt ihr" als auch „wollen Sie".

Die dritte Person Mehrzahl kennt je ein Fürwort für die männliche und für die weibliche Form. Bei gemischten Gruppen nimmt man die männliche Form.

Tabelle für die verschiedenen Fälle:

	1. Fall (wer)	**3. Fall** (wem)	**4. Fall** (wen)
ich	**je** *shö*	**me** *mö*	**me**
du	**tu** *tü*	**te** *tö*	**te**
er	**il** *il*	**lui** *lüi*	**le**
sie	**elle** *äl*	**lui**	**la**
wir	**nous** *nu*	**nous**	**nous**
ihr/Sie	**vous** *wu*	**vous**	**vous**
sie (m)	**ils** *il*	**leur** *lör*	**les**
sie (w)	**elles** *äl*	**leur**	**les**

Wenn das darauf folgende Wort mit Vokal oder stummem h beginnt, wird das -e von je „ich" weggelassen, in der gesprochenen Sprache oft auch das -u von tu.

J'ai une maison.
shä ün mäsõ
Ich habe ein Haus.

T'as raison. *(Umg.)*
ta räsõ
Du hast Recht.

unpersönliches Fürwort

Das unpersönliche Fürwort on „man" steht oft stellvertretend für nous „wir" und wird auch für Aufforderungen verwendet.

On va au cinéma.
õ wa oh ßinema
man geht zum Kino
Wir gehen ins Kino.
oder: Lasst uns ins Kino gehen.

besitzanzeigende Fürwörter

Das besitzanzeigende Fürwort der 3. Person Ez. richtet sich im Geschlecht nach dem Hauptwort, vor dem es steht (also dem „Besitz“), und nicht nach dem Besitzer. Deshalb kann son livre *sowohl „sein Buch“ als auch „ihr Buch“ bedeuten.*

	männlich	weiblich	Mz
mein	**mon** *mõ*	**ma**	**mes** *me*
dein	**ton** *tõ*	**ta**	**tes** *te*
sein / ihr	**son** *ßõ*	**sa** *ßa*	**ses** *ße*
unser	**notre** *notr*	**notre**	**nos** *noh*
euer	**votre** *wotr*	**votre**	**vos** *woh*
ihr	**leur** *lör*	**leur**	**leurs** *lör*

Ce sont nos copains.
ßö ßõ noh kopẽ
Das sind unsere Freunde.

Ce sont ses copains.
ßö ßõ ße kopẽ
Das sind seine / ihre Freunde.

C'est mon vélo.
ßä mõ weloh
Das ist mein Rad.

	hinweisende Fürwörter		
männlich	**ce**	*ßö*	dieser
	cet	*ßät*	*(vor Vokalen und* h*)*
weiblich	**cette**	*ßät*	diese
Mehrzahl	**ces**	*ße*	diese

Diese Fürwörter stehen vor dem Hauptwort und werden ohne Artikel benutzt.

ce vélo	dieses Fahrrad
cet ordinateur	dieser Computer
cette voiture	dieses Auto
ces copines	diese Freundinnen

betonte Fürwörter

Im Deutschen machen wir keinen Unterschied zwischen unbetonten und betonten persönlichen Fürwörtern. Im Französischen haben letztere eine eigene Form. Man benutzt sie, wenn man die entsprechende Person im Satz besonders hervorheben möchte:

Moi, je suis le premier!
moa shö ßüi lö prömie
ich(betont) ich bin der erste
Ich bin der Erste! *(und niemand sonst)*

moi	*moa*	ich
toi	*toa*	du
lui	*lüi*	er
elle	*äl*	sie
nous	*nu*	wir
vous	*wu*	ihr
eux	*ö*	sie (m Mz)
elles	*äl*	sie (w Mz)

Am Telefon zum Beispiel meldet man sich oft so:

Allô, c'est toi?
alloh ßä toa
hallo das'ist du
Hallo, bist du's?

Oui, c'est moi.
ui ßä moa
ja das'ist ich
Ja, ich bin's.

Eigenschaftswörter

Diese richten sich in Geschlecht und Zahl nach dem dazu gehörigen Hauptwort.

In der Wörterliste findet man immer die männliche Form. Bei den regelmäßigen Bildungen (auch hier gibt es Ausnahmen) wird für die weibliche Form einfach ein -e angehängt, und in der Mehrzahl dann noch bei beiden Formen ein oft stummes -s.

Einzahl	Mehrzahl
un grand bâtiment *ẽ grã batimã* ein großes Gebäude	**des grands bâtiments** *de grã batimã* große Gebäude
la grande ville *la grãd wil* die Großstadt	**les grandes villes** *le grãd wil* die Großstädte
un grand appartement *ẽ grãd-apartmã* eine große Wohnung	**des grands appartements** *de grãds-apartmã* große Wohnungen

Die Aussprache ändert sich, wenn die weibliche Form benutzt wird oder ein mit Vokal oder stummem h *beginnendes Hauptwort folgt – also die Lautschrift genau beachten!*

Die Eigenschaftswörter können vor oder nach dem Hauptwort stehen. Bei besonderem Nachdruck, oder wenn sie zur Unterscheidung dienen, werden sie nachgestellt.

l'économie française
lekonomi frãßäs
die Wirtschaft französische
die französische Wirtschaft

la mèche bleue
la mäsch blö
die Strähne blaue
die blaue Haarsträhne

le parti socialiste
lö parti ßoßjalist
der Partei sozialistische
die Sozialistische Partei

la boîte bondée
la boat bõde
die Schachtel überfüllte
die überfüllte Disco

Liste wichtiger Eigenschaftswörter	
beau *boh* / **belle** *bäl*	schön (m)/(w)
laid *lä*	hässlich
bon *bõ* / **bonne** *bonne*	gut (m)/(w)
mauvais *mowä*	schlecht
long *lõ* / **longue** *lõg*	lang (m)/(w)
court *kur*	kurz
grand *grã*	groß
petit *pöti*	klein
lent *lã*	langsam
rapide *rapid*	schnell
ouvert *uwär*	offen
fermé *färme*	geschlossen
jeune *shön*	jung
vieux *wjö* / **vieille** *wjäj*	alt (m)/(w)
plein *plẽ*	voll
vide *wid*	leer
cher *schär* / **chère** *schär*	teuer (m)/(w)
bas *ba* / **basse** *baß*	niedrig (m)/(w)
haut *oh*	hoch
facile *faßil*	einfach
difficile *difißil*	schwierig

Manche Eigenschaftswörter sind leider unregelmäßig. In dieser Liste der wichtigsten Eigenschaftswörter ist daher bei den unregelmäßigen auch die weibliche Form hinter dem Schrägstrich angegeben.

Eigenschaftswörter

juste *shüßt*	richtig
faux *foh* / **fausse** *fohß*	falsch (m)/(w)
froid *froa*	kalt
chaud *schoh*	warm
léger *leshe*	leicht
lourd *lur*	schwer

Es ist ganz einfach, mit den Eigenschaftswörtern Sätze zu bilden:

Le vélo est rapide.
lö weloh ä rapid
Das Fahrrad ist schnell.

Le ciel est bleu.
lö ßjel ä blö
Der Himmel ist blau.

Farben

noir *noar*	schwarz
blanc *blã* / **blanche** *blãsch*	weiß (m)/(w)
rouge *rush*	rot
vert *wär*	grün
bleu *blö*	blau
jaune *shohn*	gelb
marron *marõ*	braun
gris *gri*	grau
foncé *fõße*	dunkel-
clair *klär*	hell-

Steigerung

Die erste Steigerungsstufe wird gebildet, indem man dem Eigenschaftswort plus *plü* („mehr“) voranstellt.

Die zweite Steigerungsstufe wird gebildet, indem man der ersten zusätzlich noch den bestimmten Artikel voranstellt.

jeune	jung
plus jeune	jünger
le plus jeune	der Jüngste
la plus jeune	die Jüngste
les plus jeunes	die Jüngsten

Il a le vélo le plus rapide.
il-a lö weloh lö plü rapid
er hat das Rad das mehr schnelle
Er hat das schnellste Fahrrad.

Il est le mec le plus sympa.
il-ä lö mäk lö plü ßẽpa
er ist der Typ der mehr nette
Er ist der netteste Typ. *(Slang)*

Unregelmäßig ist die Steigerung hier:

bon	*bõ*	gut
meilleur	*mäjör*	besser
le meilleur	*lö mäjör*	am besten
mauvais	*mohwä*	schlecht
pire	*pir*	schlechter
le pire	*lö pir*	am schlechtesten

Vergleichen

Man kann Dinge hinsichtlich einer Eigenschaft vergleichen, indem man que *kö* (als) einfügt:

La voiture est plus rapide que le vélo.
la woatür ä plü rapid kö lö weloh
das Auto ist mehr schnell als das Rad
Das Auto ist schneller als das Fahrrad.

Umstandswörter

Umstandswörter (Adverbien) gibt es im Deutschen auch, sie unterscheiden sich aber in der Form nicht von Eigenschaftswörtern. Eigenschaftswörter beschreiben ein Hauptwort näher, Umstandswörter ein Verb, z. B.: „der schnelle Zug fährt" (Eigenschaftswort) – „der Zug fährt schnell" (Umstandswort).

Im Französischen gibt zwei Arten von Umstandswörtern: von Eigenschaftswörtern abgeleitete, die durch das Anhängen von -ment an die weibliche Form gebildet werden, und solche mit eigener Form. Das sind nur ganz wenige, und man muss sie einfach lernen. Umstandswörter stehen nach dem Verb.

regelmäßige Umstandswörter		
	Eig.	**Umst.**
langsam	**lent**	**lentement**
schnell	**rapide**	**rapidement**
glücklich	**heureux**	**heureusement**
	örö	*örösmã*

unregelmäßige Umstandswörter		
	Eig.	**Umst.**
gut	**bon**	**bien** *bjẽ*
schlecht	**mauvais**	**mal** *mal*
wenig	**peu de**	**peu** *pö*
viel	**beaucoup de**	**beaucoup** *bohku*
schnell	**vite**	**vite** *wit*

Il y a un bon film ce soir?
ilja ẽ bõ film ßö ßoar
Gibt es einen guten Film heute Abend?

Le film raconte bien l'histoire.
lö film rakõt bjẽ lißtoar
der Film erzählt gut die Geschichte
Der Film erzählt die Geschichte gut.

Bindewörter

et	und
mais	aber
donc	also
ou	oder
aussi	auch
comme	wie
si	wenn, falls; ob
parce que	weil
que	dass

Foto: CS

Pferde in der Franche-Comté

Wortstellung

Die normale Wortstellung im Französischen folgt dem Schema Subjekt – Prädikat – Objekt:

Bei Fragen kann sich die Satzstellung aber ändern – siehe entsprechendes Kapitel.

Je	**suis**	**Allemande.**
shö	*ßüis-*	*almãd*
Ich	bin	Deutsche.

Tu	**as**	**un vélo.**
tü	*a*	*ẽ weloh*
Du	hast	ein Fahrrad.

Ergänzungen packt man am besten vor das Subjekt, ohne dessen Stellung im Satz zu verändern:

Demain	**je**	**reste**	**à la maison.**
dömẽ	*shö*	*räßt*	*a la mäsõ*
morgen	*ich*	*bleibe*	*in die Haus*
Morgen	bleibe	ich	zu Hause.

Fürwörter, die als Objekt dienen, stehen vor dem Verb:

J'aime Nathalie.	**Je l'aime.**
shäm natali	*shöläm*
Ich liebe Nathalie.	Ich liebe sie.

Je t'aime.
shö täm
ich dich liebe
Ich liebe dich.

Hilfsverben

Am wichtigsten sind die beiden Hilfsverben „sein“ und „haben“. Die Formen muss man lernen, sie sind sehr unregelmäßig. Dafür kann man danach schon viele Sätze bilden.

sein

être *ätr*	**sein**
je suis *shö ßüi*	ich bin
tu es *tü ä*	du bist
il est *il ä*	er ist
elle est *äl ä*	sie ist
nous sommes *nu ßom*	wir sind
vous êtes *wus-ät*	ihr seid / Sie sind
ils sont *il ßõ*	sie (m) sind
elles sont *äl ßõ*	sie (w) sind

Je suis étudiante.
shö ßüis-etüdiãt
Ich bin Studentin.

Tu es Tunisien.
tü ä tünisiẽ
Du bist Tunesier.

Le mec est sympa.
lö mäk ä ßẽpa
Der Typ ist nett. *(Slang)*

Nous sommes Allemands.
nu ßoms-almã
Wir sind Deutsche.

Vous êtes jeunes.
wus-ät shön
Ihr seid jung. /
Sie *(höfl.)* sind jung.

Ils sont trop chers.
il ßõ troh schär
Sie sind zu teuer.

haben

avoir *awoar*	haben
j'ai *shä*	ich habe
tu as *tü a*	du hast
il a *il a*	er hat
elle a *äl a*	sie hat
nous avons *nus-awõ*	wir haben
vous avez *wus-awe*	ihr habt / Sie haben
ils ont *ils-õ*	sie (m) haben
elles ont *äls-õ*	sie (w) haben

J'ai raison.
shä räsõ
Ich habe Recht.

Nous avons peur.
nus-awõ pör
Wir haben Angst.

Elle a froid.
äl a froa
Sie friert.

Ils ont faim.
ils-õ fẽ
Sie haben Hunger.

feste Ausdrücke mit den Hilfsverben

	avoir	
haben Scham	avoir honte	sich schämen
haben Mitleid	avoir pitié	Mitleid haben
haben Hunger	avoir faim	Hunger haben
haben Abscheu von	avoir horreur de	hassen
haben kalt	avoir froid	frieren
haben Lust	avoir envie	Lust haben
davon haben satt	en avoir marre	es satt haben
haben Angst	avoir peur	Angst haben
haben Recht	avoir raison	Recht haben
haben Bedarf	avoir besoin	brauchen

être

être branché
sein angeschlossen
„in" sein *(Slang)*

être en train de
sein in Zug von
gerade etwas tun

être à sec
sein auf trocken
blank sein *(Slang)*

Verben und Zeiten

Im Französischen gibt es drei Klassen sogenannter regelmäßiger Verben, die man an ihren unterschiedlichen Endungen in der Verbgrundform (dem Infinitiv) erkennt:

Verben auf **-er**
Verben auf **-ir**
Verben auf **-re**

Daneben gibt es die (große) Gruppe der Ausnahmen, d. h. der unregelmäßigen Verben. In diesem Buch wird nicht zwischen den beiden Gruppen unterschieden, da selbst bei „regelmäßigen" Verben Veränderungen auftreten können, die dann jeweils nur für ein paar dieser Verben gelten. Die wichtigsten Formen sollte man lernen. Hier sind einige Verben angegeben, die man häufig braucht. In der Regel wird man auch verstanden, wenn man die falsche Form gebraucht. Wenn Sie zunächst die Verbgrundform und die 1. Person Einzahl beherrschen, kommen Sie schon ganz gut klar. In jedem Wörterbuch findet man eine Liste aller unregelmäßigen Verben; im Zweifelsfall schlägt man dort nach.

Gegenwart

Verben auf -er: parler sprechen	
je	parle *parl*
tu	parles *parl*
il / elle	parle *parl*
nous	parlons *parlõ*
vous	parlez *parle*
ils / elles	parlent *parl*

Die Aussprache ist also viel simpler als die Schreibweise, denn die ersten drei und die letzte Form werden alle gleich ausgesprochen. Sehr viele Verben gehören zu dieser ersten Gruppe und sind meist regelmäßig, wie etwa manger „essen", donner „geben", montrer „zeigen", aimer „lieben", demander „fragen", rencontrer „treffen", écouter „hören", usw.

Ähnlich funktionieren dormir „schlafen", sentir „fühlen", courir „laufen"; zahlreiche weitere Verben auf -ir wie finir („aufhören") folgen einem etwas anderen Muster: je finis, vous finissez *shö fini, wu finiße.*

Verben auf -ir: partir weggehen	
je	pars *par*
tu	pars *par*
il / elle	part *par*
nous	partons *partõ*
vous	partez *parte*
ils / elles	partent *part*

Anders allerdings werden die Verben auf -oir gebeugt, z. B. avoir „haben" (siehe Hilfsverben), savoir „wissen", pouvoir „können", vouloir „wollen", devoir „müssen". Die Wichtigsten werden anschließend angegeben.

Verben auf -re:	
comprendre verstehen	
je	comprends *kõprõ*
tu	comprends *kõprõ*
il / elle	comprend *kõprõ*
nous	comprenons *kõprönõ*
vous	comprenez *kõpröne*
ils / elles	comprennent *kõprän*

Ebenso:
prendre *„nehmen".*
Es gibt hier aber viele Ausnahmen, vor allem faire *„machen",* *aber auch z. B.* boire *„trinken",* dire *„sagen",* croire *„glauben".*

Die folgenden Verben sind so wichtig, dass ich alle Formen angebe:

aller gehen	
je	vais *wä*
tu	vas *wa*
il / elle	va *wa*
nous	allons *alõ*
vous	allez *ale*
ils / elles	vont *wõ*

faire machen	
je	fais *fä*
tu	fais *fä*
il / elle	fait *fä*
nous	faisons *fösõ*
vous	faites *fät*
ils / elles	font *fõ*

vouloir **wollen**	
je	veux *wö*
tu	veux *wö*
il / elle	veut *wö*
nous	voulons *wulõ*
vous	voulez *wule*
ils / elles	veulent *wöl*

pouvoir **können**	
je	peux *pö*
tu	peux *pö*
il / elle	peut *pö*
nous	pouvons *puwõ*
vous	pouvez *puwe*
ils / elles	peuvent *pöw*

	feste Ausdrücke mit faire	
machen von-dem Stop	**faire du stop**	per Anhalter fahren
machen das Volle	**faire le plein**	voll tanken
machen die Schlange	**faire la queue**	Schlange stehen
machen Vertrauen	**faire confiance**	vertrauen
machen das Maul	**faire la gueule**	ein Gesicht ziehen
machen die Wäsche	**faire la lessive**	waschen
machen die Kopf	**faire la tête**	schmollen
es macht heiß	**il fait chaud**	es ist heiß
es macht schwer	**il fait lourd**	es ist schwül
machen die Küche	**faire la cuisine**	kochen
machen das Geschirr	**faire la vaisselle**	abwaschen

Für die Bildung der Formen in den verschiedenen Zeitstufen wird es dann noch komplizierter. Es ist für die Verständigung zunächst gar nicht notwendig, *alle* Zeiten zu beherrschen.

Wir nehmen hier nur die drei einfachsten Zeiten. Damit umgeht man eine Menge Probleme. Diese drei Zeiten werden auch von den Franzosen am häufigsten gebraucht: Gegenwart, vollendete Gegenwart (Perfekt) und nahe Zukunft (futur proche). Auf diese Weise erspart man sich zunächst die schwierigere Vergangenheitsform (Imperfekt) und die „richtige" Zukunftsform.

vollendete Gegenwart

Die Bildeweise funktioniert im Französischen genauso wie im Deutschen:

ich spreche	**je parle**	*= Gegenwart*
ich sprach	**je parlais**	*= Vergangenheit*
ich habe gesprochen	**j'ai parlé**	*= vollendete Gegenwart*

Genau wie im Deutschen wird die vollendete Gegenwart mit einem Partizip (z. B. „gesprochen") und den Hilfsverben „sein" oder „haben" gebildet. Deren Formen haben Sie ja schon gelernt; jetzt müssen Sie nur noch wissen, wie das Partizip gebildet wird.

Bildung des Partizips

Verben auf -er: Das -r von der Grundform wegstreichen und auf das verbleibende e einen Akzent setzen: -é

parler *parle* → **parlé** *parle*
(Aussprache ist gleich).

Verben auf -ir: Das -r der Grundform fällt weg.

finir *finir* → **fini** *fini*

Verben auf -re: Die Grundformendung durch -u ersetzen:

attendre *atãdr* → **attendu** *atãdü*

Die vollendete Gegenwart sieht zusammengesetzt dann folgendermaßen aus:

J'ai mangé.	*shä mãshe*	Ich habe gegessen.
Tu as parlé.	*tü a parle*	Du hast gesprochen.
Elle a dormi.	*äl a dormi*	Sie hat geschlafen.
Ils ont aimé.	*ils-õt-äme*	Sie haben geliebt.

besondere Formen:

être	**j'ai été** *shä ete*
avoir	**j'ai eu** *shä ü*
faire	**j'ai fait** *shä fä*
pouvoir	**j'ai pu** *shä pü*
vouloir	**j'ai voulu** *shä wulü*
venir	**je suis venu** *shö ßüi wönü*

Bei den meisten Verben benutzt man in der vollendeten Gegenwart avoir als Hilfsverb. Die Ausnahme sind die Verben der Bewegung, die das Perfekt mit être bilden. Bewegungsverben sind zum Beispiel aller „gehen", venir „kommen", arriver „ankommen". Hierbei gibt es eine zusätzliche Veränderung: Die Partizipien müssen in Geschlecht und Zahl dem Subjekt angeglichen werden. (-e oder -s anhängen, wie bei Eigenschaftswörtern).

Da sich die Aussprache aber nicht ändert, braucht man diese Regel nur zur Kenntnis zu nehmen, aber nicht zu lernen.

Je suis arrivé à Paris.
shö ßüis-ariwe a pari
ich bin angekommen in Paris
Ich bin in Paris angekommen. *(sagt ein Mann)*

Je suis arrivée à Paris.
shö ßüis-ariwe a pari
Ich bin in Paris angekommen. *(sagt eine Frau)*

nahe Zukunft

Diese Zeitform, die ganz einfach gebildet wird, ist geeignet, um die Zukunft auszudrücken. Im Deutschen nehmen wir dafür die Gegenwartszeit in Kombination mit einer konkreten Zeitangabe, z. B. „Morgen gehe ich ins Kino". Im Französischen verwendet man statt dessen die Formen von aller und setzt dahinter die Grundform des Verbs.

Demain je vais aller au cinéma.
dömẽ shö wäs-ale oh ßinema
morgen ich gehe gehen zum Kino
Morgen werde ich ins Kino gehen.

Ce soir, je ne vais pas fumer.
ßö ßoar shö nö wä pa füme
dieser Abend ich nicht gehe nicht rauchen
Heute Abend werde ich nicht rauchen.

Verneinen

Die einfachste Form der Verneinung ist natürlich, einfach „nein" oder „nein, danke" zu sagen: Non, merci. Wenn man aber einen ganzen Satz verneinen will, muss die „Sandwich-Konstruktion" ne ... pas benutzt werden. Sie besteht aus zwei separaten Wörtern. Da, wo die Pünktchen sind, gehört das Verb hin.

Tu es gentil.	Du bist nett.
Tu n'es pas gentil.	Du bist nicht nett.
Je parle français.	Ich spreche Französisch.
Je ne parle pas français.	Ich spreche nicht Französisch.

Wie Sie sehen, muss das ne vor Vokalen apostrophiert werden. Sie können es sich aber noch einfacher machen, indem Sie das ne einfach ganz weglassen und nur noch mit pas allein verneinen. Das ist nach der offiziellen Grammatik nicht ganz korrekt, in der gesprochenen Sprache macht dies aber fast jeder.

T'as du feu?	**Non, j'en ai pas.**
ta dü fö	*nõ shãn-ä pa*
du'hast von-das Feuer	*nein ich'davon habe nicht*
Haste Feuer?	Nee, hab ich nich'.

andere Verneinungen

ne ... rien *riẽ*	nichts
ne ... jamais *shamä*	nie
ne ... plus *plü*	nicht mehr
ne ... personne *pärßon*	niemand
ne ... pas non plus *pa nõ plü*	auch nicht
ne ... point *poẽ*	überhaupt nicht

Fragen und Befehlen

Im Französischen gibt es drei Arten, Fragen zu stellen. Die einfachste ist, den Satz so zu lassen, wie er als Aussagesatz ist, und nur die Intonation zu ändern. Das heißt, man muss die Stimme zum Satzende heben. Der folgende Satz kann eine Feststellung, ein Vorwurf oder eine Frage sein, je nachdem, wie man den Satz betont:

Fragen

Tu manges beaucoup.
tü mãsh bohku
Du isst viel!
oder: Isst du viel?

Die zweite Möglichkeit ist ebenfalls nicht schwer: einfach est-ce que *äß kö* („Ist es, dass ...“) an den Anfang des Satzes stellen.

Est-ce que tu manges beaucoup?
äß kö tü mãsh bohku
ist-es dass du isst viel
Isst du viel?

Il a raison.
il a räsõ
er hat Recht
Er hat Recht.

Est-ce qu'il a raison?
äß kil a räsõ
ist-es dass'er hat Recht
Hat er Recht?

Wie Sie sehen, ist die einzige Schwierigkeit, dass bei Vokalen das que *apostrophiert werden muss.*

Die dritte Möglichkeit ist, wie im Deutschen die Wortreihenfolge des Satzes umzustellen.

Tu parles français.
tü parl frãßä
Du sprichst Französisch.

Parles-tu français?
parl tü frãßä
Sprichst du Französisch?

Vous connaissez un hôtel pas cher.
wu konäße ẽn-otäl pa schär
Sie kennen ein billiges Hotel.

Connaissez-vous un hôtel pas cher?
Kennen Sie ein billiges Hotel?

Fragewörter

où? *u*	wo?
quoi? *kwa*	was?
quand? *kã*	wann?
comment? *komã*	wie?
combien? *kõbiẽ*	wie viel?
qui? *ki*	wer?
pourquoi? *purkwa*	warum?
combien de temps? *kõbiẽ dö tã*	wie lange?

Am häufigsten findet sich die Konstruktion Fragewort + est-ce que. Es geht aber auch ohne.

Quand est-ce que le bus arrive?
kãt-äß kö lö büß ariw
wann ist-es dass der Bus ankommt
Wann kommt der Bus an?

Pourquoi est-ce que tu ne dis rien?
purkwa äß kö tü nö di riẽ
warum ist-es dass du sagst nichts
Warum sagst du denn nichts?

Comment ça va?
komã ßa wa
wie das geht
Wie geht's?

Befehlsformen

Die Befehlsform – und dabei ganz besonders die „du"-Form – wird aus Gründen der Höflichkeit selten benötigt, außer wenn man jemanden loswerden will (siehe Kapitel „Ärger", dort stehen viele Ausdrücke in Befehlsform). Hier nur ein paar Beispiele, damit man die Form auch erkennt, wenn man sie hört.

Parle! *parl*	Sprich!
Parlez! *parle*	Sprecht!
Viens! *wiẽ*	Komm!
Venez! *wöne*	Kommt!
Vas-y! *wasi*	Los, weiter!
Allez-y! *alesi*	*(Mz. und gesiezt)*
Attend! *atã*	Warte!
Attendez! *atãde*	Wartet!

Verhältniswörter

Die beiden wichtigsten sind à „in / nach" und de „von / aus":

Je viens de Lyon.
shö wiẽ dö liõ
Ich komme aus Lyon.

Je vais à Berlin.
shö wäs-a bärlẽ
Ich fahre nach Berlin.

D'où viens-tu?
du wiẽ tü
von'wo kommst-du
Woher kommst du?

Tu parles de quoi?
tü parl dö kwa
du redest von was
Wovon redest du?

J'habite à Bordeaux.
shabit a bordoh
Ich wohne in Bordeaux.

Ich empfehle, die Verhältniswörter erst einmal so nach Gefühl zu gebrauchen, wie man es auch im Deutschen tun würde. Aber es sind nicht immer die gleichen wie im Deutschen: z. B. avoir confiance en qn *(= zu jemandem Vertrauen haben). Erst wenn man richtig perfekt Französisch können will, muss man für jedes Verb das passende Verhältniswort hinzulernen.*

andere Verhältniswörter

sur *ßür*	auf
sous *ßu*	unter
chez *sche*	bei
devant *döwã*	vor *(räumlich)*
derrière *däriär*	hinter
dans *dã*	in
après *aprä*	nach *(zeitlich)*
avant *awã*	vor *(zeitlich)*
avec *awäk*	mit
sans *ßã*	ohne
loin de *loẽ dö*	weit weg von
près de *prä dö*	nahe bei

au lieu de	*oh liö dö*	anstatt
contre	*kõtr*	gegen
depuis	*döpüi*	seit
en	*ã*	in
entre	*ãtr*	zwischen
jusqu'à	*shüßka*	bis
malgré	*malgre*	trotz
par	*par*	durch
pendant	*pãdã*	während
pour	*pur*	für
sauf	*ßof*	außer

Zahlen und Mengen

Die französischen Zahlen werden teilweise nach einem etwas anderen Zählsystem gebildet als bei uns. Ich gebe sie daher ziemlich ausführlich wieder.

0	**zéro**	*seroh*
1	**un, une**	*ẽ, ün*
2	**deux**	*dö*
3	**trois**	*troa*
4	**quatre**	*katr*
5	**cinq**	*ßẽk*
6	**six**	*ßiß*
7	**sept**	*ßet*
8	**huit**	*üit*
9	**neuf**	*nöf*
10	**dix**	*diß*
11	**onze**	*õs*
12	**douze**	*dus*
13	**treize**	*träs*

14	**quatorze**	*kators*	
15	**quinze**	*kẽs*	
16	**seize**	*ßäs*	
17	**dix-sept**	*dißät*	*(zehn-sieben)*
18	**dix-huit**	*dißüit*	*(zehn-acht)*
19	**dix-neuf**	*dißnöf*	*(zehn-neun)*
20	**vingt**	*wẽ*	
21	**vingt et un**	*wẽteẽ*	
22	**vingt-deux**	*wẽdö*	
23	**vingt-trois**	*wẽtroa*	
30	**trente**	*trãt*	
40	**quarante**	*karãt*	
50	**cinquante**	*ßẽkãt*	
60	**soixante**	*ßoaßãt*	

(sechzig-zehn)	70	**soixante-dix**
(sechzig-und-elf)	71	**soixante-et-onze**
(sechzig-zwölf)	72	**soixante-douze**
(vier-zwanzig)	80	**quatre-vingt(s)**
(vier-zwanzig-eins)	81	**quatre-vingt-un**
(vier-zwanzig-zehn)	90	**quatre-vingt-dix**
(4-20-10-7)	97	**quatre-vingt-dix-sept**

100	**cent** *ßã*
101	**cent un**
111	**cent onze**
180	**cent quatre-vingt(s)**
200	**deux cents**
300	**trois cents**

1000	**mille** *mil*
1100	**mille cent**
1200	**mille deux cents**
10.000	**dix mille**
100.000	**cent mille**
1.000.000	**un million** *miljõ*

Ordnungszahlen

premier	**1er**	*prömje*	erster
première	**1re**	*prömjär*	erste
deuxième	**2e**	*dösjäm*	zweite(r)
troisième	**3e**	*troasjäm*	dritte(r)
quatrième	**4e**	*katrijäm*	vierte(r)
centième	**100e**	*ßätjäm*	hunderste(r)

une fois *ün foa*	einmal
deux fois *dö foa*	zweimal
trois fois *troa foa*	dreimal
quelquefois *kälköfoa*	manchmal

Mengenangaben

un litre *litr*	Liter
une livre *liwr*	Pfund
cent grammes *ßã gram*	100 Gramm
un demi litre *dömi*	halber Liter
un kilo *kiloh*	Kilo
une paire *pär*	ein Paar
quelques *kälkö*	ein paar
une douzaine *dusän*	ein Dutzend
la moitié *moatje*	die Hälfte
un quart *kar*	ein Viertel
un tiers *tjär*	ein Drittel
le double *dubl*	das Doppelte
un morceau *morßoh*	ein Stück

Foto: EH

In Dinan (Côtes d'Armor)

Zeitangaben

allgemeine Bezeichnungen

le jour *shur*	der Tag
la semaine *ßmän*	die Woche
le mois *moa*	der Monat
l'an *ã*	das Jahr
neuf mois *nöf moa*	3/4 Jahr
trois mois *troa moa*	1/4 Jahr
la date *dat*	das Datum
hier *jär*	gestern
demain *dömẽ*	morgen
après-demain *aprä dömẽ*	übermorgen
aujourd'hui *ohshurdüi*	heute
le week-end *wikänd*	Wochenende
il y a deux jours	vor zwei Tagen
la semaine prochaine	nächste Woche
quinze jours	zwei Wochen

Tageszeiten

le matin *matẽ*	der Morgen, morgens
le midi *midi*	der Mittag, 12 Uhr
à midi *a midi*	mittags
l'après-midi *aprä midi*	der Nachmittag
le soir *ßoar*	der Abend, abends
la nuit *nüi*	die Nacht, nachts
minuit *minüi*	Mitternacht
à minuit *a minüi*	um Mitternacht

Wochentage

lundi *lẽdi*	Montag
mardi *mardi*	Dienstag
mercredi *märkrödi*	Mittwoch
jeudi *shödi*	Donnerstag
vendredi *wãdrödi*	Freitag
samedi *ßamdi*	Samstag
dimanche *dimãsch*	Sonntag

Monate

janvier *shãwje*	Januar
février *fewrije*	Februar
mars *marß*	März
avril *awril*	April
mai *mä*	Mai
juin *shüẽ*	Juni
juillet *shüijä*	Juli
août *ut*	August
septembre *septãbr*	September
octobre *oktobr*	Oktober
novembre *nowãbr*	November
décembre *deßãbr*	Dezember

Jahreszeiten

le printemps *prẽtã*	Frühling
en printemps *ã prẽtã*	im Frühling
l'été *ete*	Sommer
en été *ãn-ete*	im Sommer
l'automne *ohton*	Herbst
l'hiver *iwär*	Winter
la saison *ßäsõ*	Jahreszeit

Datum

Das Datum wird, abgesehen vom Ersten des Monats, mit den normalen Zahlen angegeben. Es gibt allerdings einen Unterschied im Gebrauch der Hilfsverben: Man „ist“ ein Datum. Andererseits „hat“ man 17 Jahre, wenn nach dem Alter gefragt wird.

On est le combien aujourd'hui?
õn-ä lö kõbiẽ ohshurdüi
man ist der wie-viel heute
Welches Datum haben wir heute?

Nous sommes le cinq mars.
nu ßom lö ßẽ marß
wir sind der fünf März
Wir haben den 5. März.

Quelle est ta date de naissance?
käl ä ta dat dö näßãß
welches ist dein Datum von Geburt
Welches ist dein Geburtsdatum?

Je suis né le onze mai mille-neuf-cent-cinquante.
shö ßüi ne lö õs mä milnöfßãßẽkãt
ich bin geboren der elf Mai 1950
Ich bin am elften Mai 1950 geboren.

Et quel âge as-tu?
e käl ash a tü
und welches Alter hast du
Wie alt bist du?

J'ai vingt ans.
shä wẽt-ã
ich habe zwanzig Jahre
Ich bin zwanzig Jahre alt.

Uhrzeit

Im Französischen gibt es nur ein Wort für die zwei deutschen Wörter Uhr und Stunde: l'heure. „Uhr" im Sinne von „Armbanduhr" oder „Wecker" heißt dagegen: la montre *mõtr*

l'heure *ör*	die Stunde, Uhr
la minute *minüt*	die Minute
la seconde *ßgõd*	die Sekunde
demi *dömi*	halb
une demi heure *ün dömi-ör*	eine halbe Stunde
quart *kar*	Viertel
un quart d'heure *kardör*	eine Viertelstunde
moins (*weniger*) *moẽ*	vor

Quelle heure est-il?
käl-ör-ä-til
Wie viel Uhr ist es?

Il est neuf heures et dix.
il-ä nöw-ör e diß
Es ist zehn nach neun.

Il est tard / tôt.
il-ä tar/toh
Es ist spät / früh.

Je viens demain soir.
shö wiẽ dömẽ ßoar
Ich komme morgen Abend.

A quelle heure?
a käl-ör
Um wie viel Uhr?

A huit heures.
a wit-ör
Um acht Uhr.

Quand viens-tu?
kã wiẽ tü
Wann kommst du?

Dans une heure?
dãs-ün-ör
In einer Stunde?

10 Std.	10:00 Uhr	**dix heures (du matin)**
11 Std. 5	11:05 Uhr	**onze heures cinq**
Mittag und ¼	12:15 Uhr	**midi et quart**
1 Std. 25	13:25 Uhr	**une heure vingt-cinq**
2 Std. und halb	14:30 Uhr	**deux heures et demie**
4 Std. weniger 25	15:35 Uhr	**quatre heures moins vingt-cinq**
7 Std. weniger ¼	18:45 Uhr	**sept heures moins le quart**
8 Std. weniger 10	19:50 Uhr	**huit heures moins dix**
9 Std. weniger 5	20:55 Uhr	**neuf heures moins cinq**
Mitternacht 10	00:10 Uhr	**minuit dix**

Wetter

Il fait lourd.
il fä lur
es macht schwer
Es ist schwül.

Il fait froid.
il fä froa
es macht kalt
Es ist kalt.

Il fait ...	Es ist ...
... frais	... frisch
... humide	... feucht
... doux	... mild
... beau / mauvais	... schön / schlecht
... bon	... angenehm
... du vent	... windig

Quelle chaleur!
käl schalör
welche Hitze
Was für eine Hitze!

Foto: NW

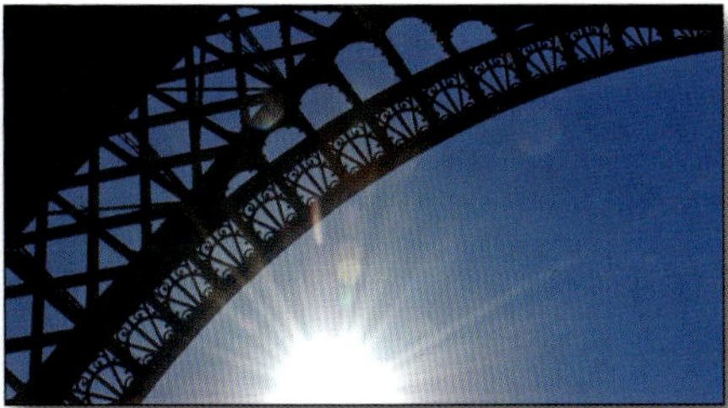

In Paris

le Mistral *mißtral*	Nordwind im Rhônetal
la Tramontane *tramõtan*	Nordwestwind bei Perpignan
l'orage *orash*	Gewitter
le verglas *wärgla*	Glatteis
le ciel *ßjäl*	Himmel
la lune *lün*	Mond
le brouillard *brujar*	Nebel
le nord *nor*	Norden
l'est *äßt*	Osten
la pluie *plüi*	Regen
la neige *näsh*	Schnee
le soleil *soläj*	Sonne
les étoiles *etoal*	Sterne
le sud *ßüd*	Süden
l'ouest *ueßt*	Westen
le vent *wã*	Wind
la météo *meteo*	Wettervorhersage
le temps *tã*	Wetter
le nuage *nüash*	Wolke

Ortsangaben

Hier folgt eine Auflistung der wichtigsten Ausdrücke (siehe auch Kapitel „Verhältniswörter").

à droite *a droat*	rechts
à gauche *a gohsch*	links
tout droit *tu droa*	geradeaus
en haut *ẽ oh*	oben
en bas *ẽ ba*	unten
ici *ißi*	hier
là *la*	da
là-bas *laba*	da hinten, dort
au coin *oh koẽ*	an der Ecke

Natur pur (Haute-Saône)

Länder und Regionen

Die heutige verwaltungsmäßige Einteilung in départements hat nicht mehr viel mit den alten Provinzen Frankreichs zu tun. Deren Namen sind aber immer noch in Gebrauch (und z. T. in Form von mehrere départements umfassenden Regionen wiederbelebt worden).

Landesteile Frankreichs

l'Alsace	*alsaß*
l'Anjou	*ãshu*
l'Aquitaine	*akitän*
l'Auvergne	*ohwärnj*
la Bourgogne	*burgonj*
la Bretagne	*brötanj*
la Champagne	*schãpanj*
la Gascogne	*gaßkonj*
l'Ile de France	*il dö frãß*
le Languedoc	*lãgdok*
le Limousin	*limusẽ*
la Lorraine	*lorän*
le Midi	*midi*
la Normandie	*normãdi*
le Périgord	*perigor*
la Picardie	*pikardi*
le Poitou	*poatu*
la Provence	*prowãß*
le Roussillon	*rußijõ*
la Savoie	*ßawoa*
la Touraine	*turän*

Où vas-tu cet été?
u wa tü ßät-ete
wo gehst du dieser Sommer
Wohin fährst du diesen Sommer?

Je vais dans le Midi.
shö wä dã lö midi
ich gehe in der Süden
Ich fahre in den Süden.

Länder

Ländernamen sind meist weiblich. Die Nationalitätsangaben werden alle in relativ ähnlicher Form jeweils davon abgeleitet.

la France *frãß*	Frankreich
un Français *frãßä*	Franzose
une Française *frãßäs*	Französin
l'Allemagne *almanj*	Deutschland
un Allemand *almã*	Deutscher
une Allemande *almãd*	Deutsche
la Tunisie *tünisi*	Tunesien
un Tunisien *tünisjẽ*	Tunesier
une Tunisienne *tünisjen*	Tunesierin
le Maroc *marok*	Marokko
un Marocain *marokẽ*	Marokkaner
une Marocaine *marokän*	Marokkanerin

Foto: EH

Am Strand (Bretagne)

Foto: EH

Pétanque oder le jeu des boules ist eins der beliebtesten Spiele in Frankreich

Verhaltensregeln

Gemeinplätze und Stereotype über die Franzosen gibt es sicher eher zu viele als zu wenige. Nicht zuletzt wegen der geographischen Nähe Frankreichs produzieren wir seit Jahrhunderten Bilder über unsere Nachbarn. Der typische Franzose sei galant, charmant, erotisch aktiv (Achtung, Mädels!), geistvoll, ein Genießer, Lebenskünstler (wie Gott in Frankreich), aber auch leichtfertig, faul, oberflächlich usw., da könnte man Seiten füllen. Solche negativen oder positiven Klischees werden ja z. B. von der Werbung weidlich ausgenutzt. Ich will sie hier nicht ein weiteres Mal wiederholen und Sie dann mit Ratschlägen versehen, wie man sich als Deutscher dazu verhält. Klischees sind immer problematisch, wenn auch nicht ohne jeden Realitätsgehalt. Sie müssen im Einzelfall, im persönlichen Kontakt, selbst entscheiden, was Sie für richtig halten. Deshalb an dieser Stelle nur zwei sehr allgemeine Hinweise:

Man sollte nicht zu „laut" als Deutsche/r auftreten – bei einigen Älteren gibt es immer noch Empfindlichkeiten, die aus dem Zweiten Weltkrieg stammen. Der Zweite Weltkrieg ist noch „Thema", das heißt: jeder hat irgendeinen Gefallenen, Gefangenen, Widerstandskämpfer oder auch Kollaborateur in der Familie.

Die Franzosen unterscheiden sehr genau, welchem Sprachniveau eine bestimmte Ausdrucksweise angehört. Da gibt es français parlé (gesprochenes Französisch), français courant (Umgangsfranzösisch), français soigné (gepflegtes Französisch), français populaire (Slang), français argotique (Argot = Gaunersprache), français vulgaire bzw. patois (Dialekt, „Platt").

Mit diesen Klassifizierungen geht teilweise recht eng soziale Diskriminierung einher. Le bon usage, der richtige Gebrauch des Französischen, ist immer ein aktuelles Thema.

Seien Sie also lieber sehr vorsichtig mit Schimpfwörtern und Slangausdrücken. Sie werden extra in einem Sonderkapitel angegeben, das mehr zum Verständnis als zum Gebrauch gedacht ist, zumindest für den Anfang. In der Wörterliste stehen sie daher nicht.

Man sollte beim Begrüßen immer beachten, dass das bonjour allein als ziemlich unhöflich gilt; es muss immer heißen: Bonjour, Monsieur bzw. Bonjour, Madame, wobei der Nachname nicht erforderlich ist. Das gilt auch für die Begrüßung beim Einkauf.

Neben dieser Regel gibt es noch eine weitere Höflichkeitsform des Verbs, die bei Fragen oder Bitten (z. B. um eine Auskunft) immer benutzt werden sollte:

Grammatisch handelt es sich hierbei um die Bedingungsform, den so genannten Konditional.

Pourriez-vous ...
purije wu
könntet-ihr ...
Können Sie bitte ...

Je voudrais ...
shö wudrä
ich würde-wollen ...
Ich möchte gerne ...

Gesten und Handzeichen

Bei der Begrüßung wird man in Frankreich häufig auf verdutzte Gesichter stoßen, wenn man die Hand ausstreckt. Dort wird nämlich zur Begrüßung auf die Wange geküsst, bei Freunden, Bekannten und Fremden. Allerdings variiert je nach Region, ob man nun zwei, drei oder vier bises (Küsschen) gibt. Für das Verabschieden gilt bezüglich der Küsserei fast das gleiche.

Beim Autofahren ist die beliebteste Geste der Franzosen der angewinkelte Arm, mit dem sie ihr Missfallen an der Fahrweise anderer zeigen. Dafür kurbeln sie glatt ihr Fenster herunter und hängen sich halb aus dem Auto, damit man auch ja begreift, was für ein mieser kleiner Autofahrer man ist. Richtig bösartige Auseinandersetzungen im Straßenverkehr gibt es aber selten, kleinere Beulen in der Karosserie sind allerdings okay. Nur gehupt wird gerne und ausgiebig.

Wenn man mit dem Zeigefinger ein unteres Augenlid herunterzieht, heißt das: „Versuch nicht mich zu bescheißen, ich blicke durch".

Der nach oben gerichtete Daumen soll zeigen, dass etwas gut klappt, dass es okay oder in Ordnung ist.

Kurz über die Wange streicheln bedeutet: „Alle Achtung!"

Mit einem Smartphone können Sie sich die mit einem 👂 gekennzeichneten Sätze aus ausgewählten Kapiteln anhören. Scannen Sie einfach den QR-Code mit Hilfe einer kostenlosen App (z. B. „Barcoo" oder „Scanlife").

Wenn jemand seine Hand seitlich sehr schnell schüttelt, heißt das: Oh là là! – also sinngemäß etwa „auweia".

Schnipst ein Franzose mit dem Daumen am Kinn, signalisiert er „Ätsch!", „Siehste!". Mit Zeigefinger und Daumen bildet man ein „O", wenn man sagen will: „Super!", „Perfekt!".

Ausrufe

Auch die kleinen, fast unwillkürlichen Ausrufe sind nicht dieselben wie in Deutschland.

aie!	*aj*	aua!
bof!	*bof*	äh; na ja
oh là là	*olala*	au weia; oh jeh

Erster Kontakt

Der erste Kontakt ist natürlich der Wichtigste. Man will sich ja nicht gleich alles vermasseln, indem man den Eindruck erweckt, man könne kein Französisch.

Die Begrüßungsfloskeln kennen Sie ja schon aus dem Ausspracheкapitel und die bises aus dem vorherigen Kapitel. Hier jetzt einige Standardfragen und -antworten.

Bonjour, ça va?
bõshur ßawa
Guten Tag, wie geht's?

Oui, ça va.
ui ßawa
Ja, es geht. / Danke, gut.

Comment t'appelles-tu?
komã tapäl tü
wie dich'nennst-du
Wie heißt du?

Je m'appelle Petra.
shö mapäl Petra
ich mich'nenne Petra
Ich heiße Petra.

D'où viens-tu?
du wjẽ tü
von'wo kommst-du
Woher kommmst du?

Je viens d'Allemagne.
shö wjẽ dalmanj
ich komme von'Deutschland
Ich komme aus Deutschland.

De quelle ville?
dö käl wil
Aus welcher Stadt?

De Bielefeld.
dö Bilöfäld
Aus Bielefeld.

Je ne connais pas. Où c'est?
shö nö konä pa u ßä
Kenne ich nicht. Wo ist das?

Nach dem ersten Gespräch möchte man den Kontakt vielleicht verlängern:

A tout à l'heure.
a tutalör
Bis später.

A demain.
a dömẽ
Bis morgen.

Je vais repasser.
shö vä röpaße
Ich komme nochmal vorbei.

Je te téléphone.
shö tö telefon
Ich rufe dich an.

Je propose ...
shö propohs
Ich schlage vor ...

Je voudrais ...
shö wudrä
Ich möchte gerne ...

J'espère te revoir.
shäßpär tö röwoar
Ich hoffe, dich wieder zu sehen.

Tu as des projets pour demain?
tü a de proshä pur dömẽ
du hast von-die Pläne für morgen
Hast du morgen was vor?

Quand est-ce que tu es à la maison?
kãt-äß kö tü ä a la mäsõ
wann ist-es dass du bist in dem Haus
Wann bist du zu Hause?

On va au cinéma?
õ wa o ßinema
man geht zum Kino
Gehen wir ins Kino?

On va boire un pot?
õ wa boar ẽ poh
man geht trinken ein Topf
Gehen wir etwas trinken?

Haus, Familie und Beruf

In Frankreich wohnen viel mehr junge Leute als bei uns noch bei ihren Eltern, solange sie nicht selbst verheiratet sind.

Wohngemeinschaften gibt es fast gar nicht.

Falls man also zu jemandem nach Hause eingeladen wird, heißt das meist, dass man die ganze Familie kennenlernt. Da heißt es, die gute Kinderstube hervorkramen!

la femme *fam*	Frau
le mari *mari*	Ehemann
le fils *fiß*	Sohn
la fille *fij*	Tochter
la tante *tãt*	Tante
l'oncle *õkl*	Onkel
le grand-père *grãpär*	Großvater
la grand-mère *grãmär*	Großmutter
un ami *ami*	ein Freund
une amie *ami*	eine Freundin
le père *pär*	Vater
la mère *mär*	Mutter

Soyez la bienvenue!
ßoaje la biẽwönü
seid die Willkommene
Willkommen. *(w)*

Soyez le bienvenu!
ßoaje lö biẽwönü
seid der Willkommene
Willkommen. *(m)*

Soyez les bienvenus!
ßoaje le biẽwönü
seid die Willkommenen
Willkommen. *(Mz)*

Entrez!
ãtre
Treten Sie ein!

Asseyez-vous!
aßeje wu
Setzen Sie sich!

Vous êtes l'amie allemande?
wus-ät lami almãd
Sind Sie die deutsche Freundin?

Oui, c'est moi.
ui ßä moa
Ja, das bin ich.

Quelle est votre profession?
käl-ä wotr profäßjõ
Was ist Ihr Beruf?

Je suis ouvrier / employé / étudiant / étudiante.
shö ßuis-uvrije / ãploaje / etüdjã / etüdjãt
Ich bin Arbeiter / Angestellter / Student/-in.

Qu'est-ce que vous faites comme études?
käßkö wu fät kom etüd?
was'ist-es dass ihr macht als Studien
Was studieren Sie?

Je fais des études d'histoire / d'anglais.
shöfä des-etüd dißtoar / dãglä
ich mache von-die Studien von'Geschichte / von'Englisch
Ich studiere Geschichte / Englisch.

Vous désirez boire qch?
wu desire boar kälkö schohs
ihr wünscht trinken etwas
Möchten Sie etwas trinken?

Ça vous plaît en France?
ßa wu plä ã frãß
das euch gefällt in Frankreich
Gefällt es Ihnen in Frankreich?

Oui, beaucoup.
ui bohku
ja viel
Ja, sehr.

le nom	*nõ*	Name
le prénom	*prenõ*	Vorname
la famille	*famij*	Familie
la profession	*profäßjõ*	Beruf
la maison	*mäsõ*	Haus
le jardin	*shardë*	Garten
l'appartement	*apartmã*	Wohnung
la chambre	*schãbr*	Zimmer
la cuisine	*küisin*	Küche
le bain	*bẽ*	Bad
le travail	*trawaj*	Arbeit
marié	*marije*	verheiratet
fiancé	*fiãße*	verlobt
les parents	*parã*	Eltern

Berufe

l'étudiant	*etüdjã*	Student
le lycéen	*lißeẽ*	Schüler
le chômeur	*schohmör*	Arbeitsloser

l'ouvrier	*uwrije*	Arbeiter
l'employé	*ãploaje*	Angestellter
le technicien	*täknißiẽ*	Techniker
l'apprenti	*aprãti*	Lehrling
sans profession	*ßã profäßjõ*	ohne Ausbildung
l'artiste	*artißt*	Künstler
le commerçant	*komärßã*	Kaufmann
le retraité	*röträte*	Rentner
le fonctionnaire	*fõkßionär*	Beamter

Wahrscheinlich wird man dann zum Essen eingeladen, das in Frankreich sowohl mittags wie auch abends meist warm ist und aus mehreren Gängen besteht: Vorspeise und / oder Suppe, Hauptgericht, Salat, Käse, Nachspeise, Kaffee. Dazu gibt es vorweg einen Aperitif, zum Essen Wein, Wasser und Weißbrot und zum Kaffee vielleicht noch einen Cognac als Verdauungsschnaps (digestif). Das Essen ist eine Zeremonie und kein Sättigungsverfahren. Falls es einem schmeckt, sollte man das deutlich sagen.

J'aime bien la soupe.
shäm biẽ la ßup
ich'liebe gut die Suppe
Ich mag die Suppe.

Comment c'est fait?
komã ßä fä
wie das'ist gemacht
Wie wird sie gemacht?

Que c'est bon!
kö ßä bõ
was das'ist gut
Das ist sehr gut!

C'est excellent.
ßät-äkßelã
das'ist exzellent
Das ist ausgezeichnet.

Unterwegs

Allgemeine Fragen, wenn man sich zurechtfinden will oder etwas sucht:

Pour aller à ...?
pur-ale a ...
für gehen zu
Um nach ... zu kommen?

..., c'est à combien de kilomètres?
... ßät-a kõbiẽ dö kilomätr
... das'ist in wie-viel von Kilometern
Wie weit ist es nach ... ?

Je cherche ..., svp.
shö schärsch ...
Ich suche ...

Où se trouve ...?
u ßö truw
Wo befindet sich ... ?

Mit einem Smartphone können Sie sich die mit einem 👂 gekennzeichneten Sätze dieses Kapitels anhören.

Mit öffentlichen Verkehrsmitteln
... auf dem Bahnhof

👂 **Un aller deuxième classe pour Berlin, svp.**
ẽn-ale dösjäm klaß pur bärlẽ
ein Gehen zweite Klasse für Berlin bitte
Eine Hinfahrt zweiter Klasse nach Berlin, bitte.

👂 **Il y a un tarif réduit pour étudiants?**
ilja ẽ tarif redüi pur-etüdiã
es hier hat ein Tarif reduziert für Studenten
Gibt es eine Ermäßigung für Studenten?

Où est-ce que je dois changer?
u äß kö shö doa schãshe
wo ist-es dass ich muss wechseln
Wo muss ich umsteigen?

In Frankreich gibt es neben den normalen Eisenbahnverbindungen einen Hochgeschwindigkeitszug, den TGV (teshewe), der in Richtung Schweiz, BRD, in die Bretagne und nach Süden, Richtung Bordeaux und Lyon, sowie nach Norden in Richtung Belgien eingesetzt wird. Mit dem TGV ist man u. a. von Lyon in zwei Stunden in Paris; ein normaler Zug benötigt vier Stunden.

Quand est-ce que le train arrive à Munich?
kãt-äß kö lö trẽ ariw-a münik
wann ist es dass der Zug ankommt in München
Wann kommt der Zug in München an?

Est-ce qu'il y a une correspondance pour ...?
äß kilja ün koräßpõdãß pur
Gibt es eine Verbindung nach ... ?

... in der Stadt

Où est la gare, svp?
u ä la gar
Wo ist der Bahnhof, bitte?

Où est l'arrêt du bus numéro 2?
u ä larä dü büß nümero dö
Wo ist die Haltestelle von Bus Nr. 2?

Quel bus part à Versailles?
käl büß par-a wärßaj
Welcher Bus fährt nach Versailles?

Où est-ce que je dois descendre?
u äß kö shö doa deßãdr
wo ist-es dass ich muss aussteigen
Wo muss ich aussteigen?

Où pourrais-je trouver un taxi?
u purä-shö truwe ẽ takßi
wo könnte-ich finden ein Taxi
Wo kann ich bitte ein Taxi finden?

le départ *depar*	Abflug, Abfahrt
le compartiment *kõpartimã*	Abteil
l'auto-stop *ohtohßtop*	Anhalter
l'arrivée *ariwe*	Ankunft
la correspondance *koräßpõdãß*	Anschluss
le séjour *ßeshur*	Aufenthalt
descendre *deßãdr*	aussteigen
la voiture *woatür*	Auto
l'autoroute *ohtohrut*	Autobahn
la gare *gar*	Bahnhof
les quais *kä*	Bahnsteige
l'essence *eßãß*	Benzin
la réservation *resärwaßjõ*	Buchung
le bus, le car *büß, kar*	Bus
le chemin de fer *schömẽ dö fär*	Eisenbahn
conduire *kõdüir*	fahren
le billet *bijä*	Fahrkarte
l'horaire *orär*	Fahrplan
le vélo *weloh*	Fahrrad
la voie *woa*	Fahrspur
le véhicule *weikül*	Fahrzeug
le vol *wol*	Flug
l'aéroport *aerohpor*	Flughafen
l'avion *awjõ*	Flugzeug
le permis de conduire *pärmi dö kõdüir*	Führerschein

les bagages *bagash*	Gepäck
la vitesse *witäß*	Geschwindigkeit
l'arrêt *arä*	Haltestelle
l'aller *ale*	Hinfahrt
le contrôleur *kõtrohlör*	Kontrolleur
les couchettes *kuschät*	Liegewagen
le camion *kamjõ*	LKW
la moto *mohtoh*	Motorrad
la mobylette *mobilät*	Mofa
la sortie de secours *ßorti dö ßökur*	Notausgang
la plaque *plak*	Nummernschild
le stationnement *ßtaßionmã*	Parken
la destination *deßtinaßjõ*	Reiseziel
le retour *rötur*	Rückfahrt
le guichet *gischä*	Schalter
le bateau *batoh*	Schiff
l'embouteillage *ãbutejash*	Stau
la station d'essence *ßtaßjõ deßãß*	Tankstelle
la salle d'attente *ßal datãt*	Wartesaal
le train *trẽ*	Zug
le supplément *ßüplemã*	Zuschlag

Foto: PR

Vorsicht: Falschparken ist ein sehr teurer Spaß in Frankreich!

mit dem Auto

Verkehrsschilder	
ARRET INTERDIT	Halten verboten
ATTENTION	Achtung
CHAUSSEE DEFORMEE	Schlechte Fahrbahn
DANGER	Gefahr
DEVIATION	Umleitung
GRAVILLONS	Rollsplitt
RALENTIR	Langsamer fahren
SENS INTERDIT	Einbahnstraße
STATIONNEMENT INTERDIT	Parken verboten
VIRAGES	Kurven

Am 1. August sollte man nicht gerade versuchen, Frankreich zu durchqueren – da fährt das ganze Land geschlossen in die Ferien (diesen Eindruck kann man zumindest bekommen).

Le plein, svp!
lö plẽ
das voll bitte
Voll tanken, bitte!

Pourriez-vous vérifier l'huile?
purije wu werifje lüil
würdet-können-ihr prüfen das'Öl
Könnten Sie bitte das Öl überprüfen?

Où est-ce qu'il y a une station d'essence, svp?
u äß kilja ün ßtaßiõ deßäß
Wo ist eine Tankstelle?

Où est-ce que je peux garer ma voiture?
u äß kö shö pö gare ma woatür
Wo kann ich mein Auto parken?

Die Autobahnen kosten Gebühren. Die Landstraßen sind aber ziemlich gut ausgebaut. Sie sind oft dreispurig, die mittlere Spur ist zum Überholen – aber für beide Fahrtrichtungen!

C'est bien la route de Marseille?
ßä biẽ la rut dö marßej
das'ist gut die Straße von Marseille
Ist das die Straße nach Marseille?

Je voudrais louer une voiture.
shö wudrä lue ün woatür
ich würde-wollen leihen ein Auto
Ich möchte ein Auto mieten.

Panne

Wer mit dem Auto unterwegs ist, hat hoffentlich keine Panne. Falls aber doch, hier eine kleine Wörterliste (ohne Lautschrift) – zeigen Sie mit dem Finger darauf, und es wird schon klappen. Ansonsten sollte man sein Gedächtnis lieber mit anderen Wörtern belasten.

le service de dépannage	Abschleppdienst
l'axe	Achse
le démarreur	Anlasser
le tuyau d'échappement	Auspuff
la batterie	Batterie
les freins	Bremsen
la pression	Druck
les pièces de rechange	Ersatzteile
le défaut	Fehler
la vitesse	Gang
la carrosserie	Karosserie
la courroie	Keilriemen
le piston	Kolben

le radiateur	Kühler
l'embrayage	Kupplung
le volant	Lenkrad
la dynamo	Lichtmaschine
le moteur	Motor
l'huile	Öl
la vidange	Ölwechsel
la panne	Panne
la roue	Rad
le pneu	Reifen
réparer	reparieren
le phare	Scheinwerfer
l'amortisseur	Stoßdämpfer
le pare-chocs	Stoßstange
l'accident	Unfall
le carburateur	Vergaser
le cric	Wagenheber
les outils	Werkzeug
le pare-brise	Windschutzscheibe
la bougie	Zündkerze
le cylindre	Zylinder

Ma voiture est en panne.
ma woatür ät-ã pan
Mein Wagen hat eine Panne.

Ma voiture ne démarre pas.
ma woatür nö demar pa
Mein Wagen springt nicht an.

Pourriez-vous réparer ma voiture?
purije wu repare ma woatür
Könnten Sie meinen Wagen reparieren?

Ça dure combien de temps?
ßa dür kõbiẽ dö tã
das dauert wieviel von Zeit
Wie lange dauert das?

Avez-vous des pièces de rechange de VW?
awe wu de piäß dö röschãsh dö wolkßwagän
habt-ihr von-die Teile von Austausch von VW
Haben Sie Ersatzteile von VW?

Il y a un accident.
es hier hat ein Unfall
Es ist ein Unfall passiert.

Pourriez-vous me remorquer, svp?
purije wu mö römorke
Könnten Sie mich bitte abschleppen?

Übernachten

Im August ist in Frankreich alles überfüllt, auch die Campingplätze. Paris ist halbleer, und die Urlaubsgegenden sind übervölkert. Dann lernt man ganz schnell das Wort complet „besetzt“. Hier aber noch ein paar weitere Ausdrücke, die man braucht.

la réception *reßäpßjõ*	Anmeldung
l'ascenseur *aßãßör*	Aufzug
la salle de bains *ßal dö bẽ*	Badezimmer
le lit *li*	Bett
la couverture *kuwärtür*	Bettdecke
le camping *kãping*	Campingplatz
la douche *dusch*	Dusche
la fenêtre *fönätr*	Fenster
la serviette *ßärwiät*	Handtuch
le chauffage *schohfash*	Heizung
l'hôtel *otäl*	Hotel
le réchaud *reschoh*	Kocher
l'oreiller *oräje*	Kopfkissen
la lampe *lãp*	Lampe
le matelas *matla*	Matratze
louer *lue*	(ver)mieten
le sac de couchage *ßak dö kuschash*	Schlafsack
la clé *kle*	Schlüssel
le miroir *miroar*	Spiegel
la prise *pris*	Steckdose
l'étage *etash*	Stockwerk
le courant *kurã*	Strom
le logement *loshmã*	Unterbringung
l'eau potable *oh potabl*	Trinkwasser
le lavabo *lawaboh*	Waschbecken
le robinet *robinä*	Wasserhahn
la caravane *karawan*	Wohnwagen
la tente *tãt*	Zelt
la chambre *schãbr*	Zimmer

Mit einem Smartphone können Sie sich die mit einem gekennzeichneten Sätze dieses Kapitels anhören.

Übernachten

Est-ce que vous avez une chambre libre?
äß kö wus-awe ün schãbr libr
ist-es dass ihr habt ein Zimmer frei
Haben Sie ein freies Zimmer?

Pour une personne ou pour deux personnes?
pur ün pärßon u pur dö pärßon
Für eine Person oder für zwei Personen?

Avec deux lits ou avec grand lit?
awäk dö li u awäk grã li
mit zwei Betten oder mit großes Bett
Mit zwei Betten oder einem französischen Bett?

Avec deux lits, svp.
awäk dö li
Mit zwei Betten, bitte.

C'est combien?
ßä kõbiẽ
das'ist wie-viel
Wie viel kostet es ?

Je reste trois nuits.
shö räßt troa nüi
Ich bleibe drei Nächte.

C'est avec douche?
ßät-awäk dusch
das'ist mit Dusche
Ist es mit Dusche?

Est-ce que le petit déjeuner est compris?
äß kö lö pöti deshöne ä kõpri
ist-es dass das kleine Mittagessen ist enthalten
Ist das Frühstück inbegriffen?

auf dem Campingplatz

Est-ce qu'il y a une place pour une tente?
äß kilja ün plaß pur ün tãt
Gibt es einen Platz für ein Zelt?

Où sont les lavabos?
u ßõ le lawaboh
Wo sind die Waschbecken?

Où sont les poubelles?
u ßõ le pubäl
Wo sind die Mülleimer?

Où sont les prises?
u ßõ le pris
Wo sind die Steckdosen?

Unterkünfte

hôtellerie	Landhotel
relais	(ehemals) Poststation
logis	Unterkunft, Quartier
pension	Pension
auberge	Gasthof (Herberge)
camping à la ferme	Camping auf dem Bauernhof
gîte rural	ländliches Ferienhaus
auberge de (la) jeunesse	Jugendherberge

Bank, Post, Telefon

Bank

la banque *bãk*	Bank
les espèces *äßpäß*	Bargeld
encaisser *äkäße*	einlösen
l'argent *arshã*	Geld
le billet *bijä*	Geldschein
la caisse *käß*	Kasse
la monnaie *monä*	Kleingeld
la pièce *pjäß*	Münze
le guichet *gischä*	Schalter
le chèque *schäk*	Scheck
changer *schãshe*	umtauschen
signer *ßinje*	unterschreiben
la signature *ßinjatür*	Unterschrift
la carte de crédit *kart dö kredi*	Kreditkarte
le guichet automatique	Geldautomat

Je voudrais encaisser ce chèque.
shö wudrä äkäße ßö schäk
ich würde-wollen einkassieren dieser Scheck
Ich möchte diesen Scheck einlösen.

Pas de monnaie, svp.
Kein Kleingeld, bitte.

Je voudrais changer 100 francs suisses en euro.
shö wudrä schãshe ßã frã ßüiß ãn-öroh
ich würde-wollen wechseln 100 SFr in Euro
Ich würde gerne 100 Schweizer Franken in Euro wechseln.

Post

Die Post heißt in Frankreich – wunderbar einfach – la poste. Briefmarken und Telefonkarten kann man aber auch in den Tabakläden kaufen. Die Briefkästen sind gelb mit schmalen blauen Streifen an den Kanten, aber klein und leicht zu übersehen.

envoyer *ãwoaje*	absenden
l'adresse *adräß*	Adresse
la lettre *lätr*	Brief
la boîte aux lettres *boat*	Briefkasten
le timbre *tẽbr*	Briefmarke
le facteur *faktör*	Briefträger
l'enveloppe *ãwölop*	Briefumschlag
exprès *äkßpräß*	Eilbrief
le destinataire *däßtinatär*	Empfänger
le tarif *tarif*	Gebühr
le poids *poa*	Gewicht
par avion *par-awjõ*	Luftpost
le colis *koli*	Paket
le bureau de poste *büro*	Postamt
la carte postale *kart poßtal*	Postkarte

Quel est le tarif des lettres pour l'Allemagne?
käl ä lö tarif de lätr pur lalmanj
Was kostet ein Brief nach Deutschland?

Trois timbres (à deux Euro), svp.
troa tẽbr a dös-öroh
Drei Briefmarken (zu zwei Euro), bitte.

Bank, Post, Telefon

Telefon

In Frankreich kann man in der Post, in öffentlichen Telefonzellen und in Cafés telefonieren. Telefonkarten erhält man u. a. in der Post und in Tabakläden.

Il y a un téléphone?
ilja ẽ telefon
Gibt es ein Telefon?

Où est le téléphone?
u ä lö telefon
Wo ist das Telefon?

Est-ce que je peux téléphoner?
äß kö shö pö telefone
Kann ich mal telefonieren?

Allô, qui est à l'appareil?
alo ki ä a laparäj
Hallo, wer ist am Apparat?

Pardon, je me suis trompé de numéro.
pardõ shö mö ßüi trõpe dö nümeroh
Verzeihung ich mich bin geirrt von Nummer
Verzeihung, ich habe mich verwählt.

passer un coup de fil	anrufen
ne coupez pas	nicht auflegen
ne quittez pas	nicht auflegen
le numéro de téléphone	Telefonnummer
le répondeur	Anrufbeantworter
décrocher	abnehmen
la tonalité	Freizeichen
le coup de téléphone	Anruf
le bottin, l'annuaire	Telefonbuch
la cabine publique	öffentl. Telefonzelle
le (téléphone) portable	Handy
la télécarte	Telefonkarte
recharger	aufladen

Einkaufen

Beim Einkaufen muss man an das bonjour zur Begrüßung immer Monsieur (mein Herr) oder Madame (meine Dame) anhängen, sonst gilt man als unhöflich.

allgemeine Ausdrücke

acheter *aschte*	kaufen
vendre *wădr*	verkaufen
le prix *pri*	Preis
l'argent *arshã*	Geld
la monnaie *monä*	Kleingeld
le billet *bijä*	Geldschein
cher *schär*	teuer
trop cher *troh schär*	zu teuer
le marché *marsche*	Markt
le magasin *magasẽ*	Laden
le propriétaire *proprietär*	Besitzer
la réduction *redükßjõ*	Ermäßigung
les soldes *ßold*	Ausverkauf
grand choix *grã schoa*	große Auswahl
les heures d'ouverture *ör duwärtür*	Öffnungszeiten
la qualité *kalite*	Qualität

Où est-ce que je peux acheter un plan de ville?
u äß kö shö pö aschte ẽ plã dö wil
wo ist-es dass ich kann kaufen ein Plan von Stadt
Wo kann ich einen Stadtplan kaufen?

Vous avez des journaux allemands?
wus-awe de shurnohs-almã
ihr habt von die Zeitungen deutsche
Haben Sie deutsche Zeitungen?

Je voudrais un dictionnaire / un guide touristique.
shö wudrä ẽ dikßjonär / ẽ gid turißtik
ich würde-wollen ein Wörterbuch / ein Führer touristisch
Ich möchte gerne ein Wörterbuch / einen Reiseführer.

Ça coûte combien?
ßa kut kõbjẽ
das kostet wie-viel
Wie viel kostet das?

Je peux payer par carte de crédit?
shö pö päje par kart dö kredi
ich kann zahlen durch Karte von Kredit
Kann ich per Kreditkarte bezahlen?

Geschäfte

livres d'occasion	Antiquariat
la pharmacie	Apotheke
la boulangerie	Bäckerei
la librairie	Buchhandlung
le salon de coiffure	Friseur
le grand magasin	Kaufhaus
la pâtisserie	Konditorei
l'épicerie	Lebensmittelgeschäft

la boucherie	Metzgerei
la crémerie	Milchladen
la teinturerie	Reinigung
la papeterie	Schreibwarenladen
le cordonnier	Schuhmacher
le libre-service	Selbstbedienungsladen
le supermarché	Supermarkt
la confiserie	Süßwaren
le bureau de tabac	Tabakladen
la brocante	Trödelladen, -markt

Lebensmittel

fruits *früi*	**Obst**
la pomme *pom*	Apfel
l'orange *orãsh*	Apfelsine
l'abricot *abrikoh*	Aprikose
la poire *poar*	Birne
la fraise *fräs*	Erdbeere
la framboise *frãboas*	Himbeere
le cassis *kaßiß*	Johannisbeere
la cerise *ßöris*	Kirsche
la pêche *päsch*	Pfirsich
la prune *prün*	Pflaume
le raisin *räsẽ*	Traube
le citron *ßitrõ*	Zitrone

Genauer gesagt, le cassis *ist die (in Frankreich bedeutendere) schwarze Johannisbeere. Die rote Johannisbeere heißt dagegen* groseille.

légumes *legüm*	**Gemüse**
l'artichaut *artischoh*	Artischocke
l'avocat *awoka*	Avokado
le chou-fleur *schuflör*	Blumenkohl
les haricots *le arikoh*	Bohnen
les petits pois *pötipoa*	Erbsen

le concombre	*kõkõbr*	Gurke
la pomme de terre	*pomdötär*	Kartoffel
l'ail	*aj*	Knoblauch
les herbes	*les-ärb*	Kräuter
le poireau	*poaroh*	Porree
les épinards	*les-epinar*	Spinat
l'oignon	*onjõ*	Zwiebel

(la) viande	*wiãd*	**Fleisch**
... de veau	*woh*	Kalb-...
... de mouton	*mutõ*	Hammel-...
... de bœuf	*böf*	Rind-...
... de porc	*por*	Schweine-...
le jambon	*shãbõ*	Schinken
la charcuterie	*scharkütri*	Aufschnitt
la volaille	*wolaj*	Geflügel
le poulet	*pule*	Huhn
le canard	*kanar*	Ente
le foie	*foa*	Leber
les tripes	*trip*	Kutteln
la cervelle	*ßärwäl*	Hirn

fruits de mer	*früi dö mär*	**Meerestiere**
le poisson	*poaßõ*	Fisch
le saumon	*ßohmõ*	Lachs
les crevettes	*kröwät*	Garnelen, Krabben
les huîtres	*üitr*	Austern
les moules	*mul*	Muscheln

boissons	*boaßõ*	**Getränke**
le café	*kafe*	Kaffee
le jus d'orange	*shü*	Orangensaft
le thé	*te*	Tee

l'infusion *ẽfüsjõ*	Kräutertee
l'eau *oh*	Wasser
le vin *wẽ*	Wein
la bière *bjär*	Bier
le lait *lä*	Milch

divers *diwär*	**Sonstiges**
le beurre *bör*	Butter
le fromage *fromash*	Käse
le fromage blanc *fromash blã*	Quark
le yaourt *jaur*	Joghurt
la crème *kräm*	Sahne
les œufs *ö*	Eier
le riz *ri*	Reis
les nouilles *nuj*	Nudeln
les céréales *ßereal*	Getreide
le miel *mjäl*	Honig
le sucre *ßükr*	Zucker
les noix *noa*	Nüsse
la glace *glaß*	Eis

le cendrier *ßãdrije*	Aschenbecher
le briquet *brikä*	Feuerzeug
la boîte d'allumettes *boat dalümät*	Schachtel Streichhölzer

Donnez-moi un kilo d'oranges, svp.
done moa ẽ kiloh dorãsh ßilwuplä
Geben Sie mir ein Kilo Apfelsinen, bitte.

Un beau morceau de ce fromage, svp.
ẽ boh morßoh dö ßö fromash ßilwuplä
Ein schönes Stück von diesem Käse, bitte.

Comment il s'appelle?
komã il ßapäl
Wie heißt er?

Un paquet de Gitanes Maïs, svp. Sans filtres.
ẽ pakä dö shitan maiß ßilwuplä – ßã filtr
ein Paket von G. M. bitte – ohne Filter
Ein Päckchen 'Gitanes Maïs', bitte. Ohne Filter.

Essen und Trinken

73 % der Deutschen denken übrigens beim Stichwort Frankreich zuerst an gutes Essen.

Die Franzosen wenden viel Zeit und Energie auf für Essen, Essengehen und Essen zubereiten. Man redet beim Essen, über das Essen, man trifft sich zum Essen - mit Freunden, in der Familie, auswärts oder zu Hause.

Damit Sie das Essen auch genießen können, hier eine Liste der Ausdrücke auf Speisekarten und anderer wichtiger Wörter (Lebensmittel: siehe Kapitel „Einkaufen"). Zuerst aber ein paar Sätze, damit Sie überhaupt etwas bestellen können.

Une table pour deux personnes, svp.
ün tabl pur dö pärßon ßilwuplä
Ein Tisch für zwei Personen, bitte.

La carte, svp.
la kart
Die Karte, bitte.

Qu'est-ce qu'il y a comme plat du jour?
käß kilja kom pla dü shur
was'ist-es dass'es hier hat als Gericht des Tages
Was gibt es als Tagesgericht?

Qu'est-ce que vous conseillez?
käß kö wu kõßeje
was'ist-es dass Sie empfehlen
Was empfehlen Sie?

Je prends le menu 1.
shö prã lö mönü ẽ
Ich nehme das Menü 1.

Qu'est-ce que vous prenez comme boisson?
käß kö wu pröne kom boaßõ
was'ist-es dass ihr nehmt als Getränk
Was nehmen Sie als Getränk?

Une bouteille de vin blanc et une carafe d'eau, svp.
ün butäj dö wẽ blã e ün karaf doh, ßilwuplä
eine Flasche von Wein weiß und eine Karaffe von Wasser
Eine Flasche Weißwein und eine Karaffe Wasser, bitte.

Et comme dessert?
e kom deßär
Und als Nachtisch?

Je voudrais une glace.
shö wudrä ün glaß
Ich möchte ein Eis.

Je voudrais un flan.
shö wudrä ẽ flã
Ich möchte einen Karamelpudding.

Je ne voudrais pas de dessert.
shö nö wudrä pa dö deßär
Ich möchte keinen Nachtisch.

L'addition svp.
ladißjõ ßilwuplä
die Rechnung bitte
Die Rechnung, bitte.

Mit einem Smartphone können Sie sich die mit einem 👂 gekennzeichneten Sätze dieses Kapitels anhören.

le dîner	*dine*	Abendessen
l'apéritif	*aperitif*	Aperitif
le pain	*pẽ*	Brot
le régime	*reshim*	Diät
la soif	*ßoaf*	Durst
la glace	*glaß*	Eis
le vinaigre	*winägr*	Essig
gras	*gra*	fett
le poisson	*poaßõ*	Fisch
la viande	*wiãd*	Fleisch
frais	*frä*	frisch
les fruits	*früi*	Früchte
le petit déjeuner	*pöti deshöne*	Frühstück
le plat	*pla*	Gang
frit	*fri*	in Öl gebacken
rôti	*rohti*	gebraten
le couvert	*kuwär*	Gedeck
farci	*farßi*	gefüllt
les légumes	*legüm*	Gemüse
le goût	*gu*	Geschmack
la boisson	*boaßõ*	Getränk
les épices	*epiß*	Gewürze
le verre	*wär*	Glas
la faim	*fẽ*	Hunger
le fromage	*fromash*	Käse
la carafe	*karaf*	Karaffe
le gâteau	*gatoh*	Kuchen
la tarte	*tart*	Kuchen, Torte
maigre	*mägr*	mager
le repas	*röpa*	Mahlzeit
les fruits de mer	*früidömär*	Meeresfrüchte
le menu	*mönü*	Menü
le déjeuner	*deshöne*	Mittagessen
le dessert	*deßär*	Nachtisch

le pâté	*pate*	Pastete
le poivre	*poawr*	Pfeffer
cru	*krü*	roh
la salade	*ßalad*	Salat
le sel	*ßäl*	Salz
l'escalope	*äßkalop*	Schnitzel
la sauce	*ßohß*	Soße
la brochette	*broschät*	Spieß
le bifteck	*biftäk*	Steak
la soupe	*ßup*	Suppe
le potage	*potash*	Suppe
le plat du jour	*pladüshur*	Tagesgericht
la tasse	*taß*	Tasse
l'assiette	*aßjät*	Teller
la table	*tabl*	Tisch
boire	*boar*	trinken
gratiné	*gratine*	überbacken
végétarien	*weshetariẽ*	vegetarisch
le digestif	*dishäßtif*	Verdauungsschnaps
les entrées	*ãtre*	Vorspeisen
le vin	*wẽ*	Wein

Foto: EH

Meersalz (le sel marin) wird in der Küche gern verwendet

Bezeichnungen der Lokale:

salon de thé	Café
café	Kneipe
bistrot	Kneipe mit Speiselokal
café-théâtre	Kneipe m. Theatervorstellung
brasserie	Brauerei, Gasthaus
restaurant	Restaurant
bar-tabac	Eckkneipe mit Tabakverkauf
libre service	Selbstbedienung
snack	Schnellimbiss
bar américain	Bar

Toilette und Co.

Mit dem Wort toilette wird man in Frankreich sofort verstanden; richtiger heißt es allerdings les W.C. oder les cabinets. Zum Teil gibt es in Gaststätten nur eine einzige Toilette für Männer und Frauen. Wenn es zwei getrennte gibt, steht darauf zu lesen:

Messieurs	Männer
Dames	Frauen
occupé	besetzt
libre	frei

In Frankreich gibt es sehr viele öffentliche Toiletten, für Männer z. T. auch noch pissoirs *(meist kostenlos), inzwischen aber immer mehr „schleusenartige“ Vorrichtungen, die gegen Gebühr einen Benutzer einlassen und dann erst alles desinfizieren, bevor der nächste kommt* (hygiénettes). *Der Slangausdruck für die Toilette heißt* les chiottes *(das Scheißhaus).*

Où sont les W.C., svp?
u ßõ le weße ßilwuplä
Wo sind die Toiletten?

Il y a des W.C. publics?
ilja de weße püblik
Gibt es öffentliche WCs?

le papier hygiénique *lö papje ishiänik*	Toilettenpapier
les serviettes hygiéniques *le ßärwiät ishiänik*	Damenbinden

Stadt / Land

In Stadt und Land unterscheidet sich die Sprache natürlich nicht – allerdings können sich die Themen, über die man als Reisender möglicherweise reden möchte, schon unterscheiden. Es folgt eine kleine Liste sowohl von „urbanen" als auch „rustikalen" Vokabeln.

l'avenue	Allee
la zone	Rand(wohn)gebiet
le chômage	Arbeitslosigkeit
le séjour	Aufenthalt
la gare	Bahnhof
la montagne	Berge
bronzer	braun werden
le pont	Brücke
la fontaine	Brunnen
le trottoir	Bürgersteig
le village	Dorf
le terminus	Endstation
l'usine	Fabrik
les vacances	Ferien
le marché aux puces	Flohmarkt
le fleuve	Fluss (groß)
la rivière	Fluss (klein)
le cimetière	Friedhof
le piéton	Fußgänger
l'auberge	Gasthof
la capitale	Hauptstadt

la cour	Hof
la cave	Keller
les immigrés	Immigranten
l'église	Kirche
la côte	Küste
la campagne	Land
le paysage	Landschaft
le marché	Markt
la mer	Meer
le musée	Museum
le maghrébin	Nordafrikaner
le parc	Park
la place	Platz
la roulotte	Pferdewagen
l'hôtel de ville	Rathaus
nager	schwimmen
la voile	Segeln
la station de sports d'hiver	Wintersportort
le bidonville	Slum
la ville	Stadt
le périphérique	Stadtautobahn, Ring (Paris)
le plan de ville	Stadtplan
l'arrondissement	Stadtteil
le quartier	Stadtviertel
le centre ville	Stadtzentrum
la plage	Strand
la rue	Straße
la cité universitaire	Studentenwohnheim
la planche à voile	Surfen
la vallée	Tal

la plongée	Tauchen
métro, m	U-Bahn
les environs	Umgebung
la pollution	Umweltverschmutzung
le bois	Wald (klein)
la forêt	Wald (groß)
le gratte-ciel	Wolkenkratzer
le syndicat de tourisme	Verkehrsbüro
la banlieue	Vororte
Huitième, Onzième	Achter, Elfter (Bezirk in Paris)
le carnet	Fahrscheinsammelkarte

Est-ce qu'on peut visiter ...?
äß kõ pö wisite ...
ist-es dass'man kann besichtigen
Kann man ... besichtigen?

Où est le syndicat de tourisme?
u ä lö ßẽdika dö turißm
wo ist das Syndikat von Tourismus
Wo ist das Verkehrsbüro?

Est-ce qu'il y a une visite guidée?
äß kilja ün wisit gide
Gibt es eine Führung?

Quand est-ce que le musée est ouvert?
kãt-äß kö lö müse ät-uwär
wann ist-es dass das Museum ist geöffnet
Wann ist das Museum geöffnet?

In den Straßencafés gibt es drei Preise: Am teuersten ist es draußen, preiswerter drinnen, und am günstigsten am Tresen.

Ein Bier bestellt man nicht als „ein Bier, bitte", sondern so:

Une pression, svp. *einen Druck bitte*	Ein (gezapftes) Bier, bitte.
Un demi, svp. *ein halbes bitte*	Ein Bier, bitte. (0,25 l)
Un ballon de rouge, svp.	Ein Glas Rotwein, bitte.
Un panaché, svp.	Ein Radler / Alster, bitte.

Freizeit und Kultur

Zum Ausgehen treffen sich die Franzosen selten in einer Kneipe, eher zum Essen, oft zum Kino oder später in der Disco.

Alle Filme, die mit VO (version originale) gekennzeichnet sind, laufen in der Originalfassung mit Untertiteln. Das ist in Frankreich sehr häufig der Fall.

la séance *ßeãß*	Vorstellung
le spectacle *ßpäktakl*	Schauspiel
le pub *pöb*	Pub
la piscine *pißin*	Schwimmbad
le cinéma *ßinema*	Kino
l'exposition *äkßposißjõ*	Ausstellung
le concert *kõßär*	Konzert
la boîte *boat*	Disko
la boîte de nuit *boat dö nüi*	Nachtklub
le théâtre *teatr*	Theater
le film *film*	Film
le disque *dißk*	Schallplatte
la chaîne hi-fi *schän*	Anlage
les loisirs *loasir*	Freizeit

danser *dãße*	tanzen
guincher *gẽsche*	schwofen
sortir *ßortir*	ausgehen
le sport *ßpor*	Sport

On va boire un pot?
õ wa boar ẽ poh
man geht trinken ein Topf
Gehen wir einen trinken?

Je t'invite.
shö tẽwit
ich dich'einlade
Ich lade dich ein.

D'accord.
dakor
Einverstanden.

Avec plaisir.
awäk pläsir
Mit Vergnügen.

Où peut-on danser?
u pöt-õ dãße
Wo kann man tanzen gehen?

Est-ce qu'il y a un tarif réduit?
äß kilja ẽ tarif redüi
Gibt es eine Ermäßigung?

Anmache

Immer noch die beliebteste Frage zur Kontaktaufnahme ist:

T'as du feu?
ta dü fö
Haste mal Feuer?

Wenn man Feuer hat, geht es gleich so weiter:

Tu veux une cigarette?
tü wö ün ßigarät
Möchtest du eine Zigarette?

Tu es seul(e)?
tü ä ßöl
Bist du allein?

Vielleicht sind Sie das ja auch. Also sagt man ja. (Vielleicht ist er / sie ja nett, und es ist nicht nur eine blöde Anmachtour?)

Qu'est-ce que tu fais ce soir?
käßkö tü fä ßö ßoar
Was machst du heute Abend?

Je ne sais pas encore.
shö nö ßä pas-ãkor
Ich weiß es noch nicht.

On va boire un coup?
õ wa boar ẽ ku
Trinken wir einen?

Oder vielleicht fällt diese Stufe gleich aus, und er will zu sich nach Hause:

Tu as envie de prendre un café chez moi?
tü as-ãwi dö prãdr ẽ kafe sche moa
Hast du Lust, einen Kaffee bei mir zu trinken?

Mögliche Antworten:

Pas question.
pa käßtjõ
Kommt nicht in Frage.

Je ne veux pas.
shö nö wö pa
Ich will nicht.

Ce serait vachement sympa.
ßö ßörä waschmã ßẽpa
Das wäre total nett.

D'accord.
dakor
Einverstanden.

Tu rigoles!
tü rigol
Du machst wohl Witze.

Mit der letzten Antwort lässt man es erstmal offen, und der Typ muss sich nochmal Mühe geben.

draguer	*drage*	anmachen
dragueur	*dragör*	Aufreißer
bien roulée	*bjẽ rule*	gut gebaut *(Frau)*
la gonzesse	*gõsäß*	Frau *(Slang)*
la meuf	*möf*	Frau *(Slang)*

Bettgeschichten

amoureux	verliebt
tromper	betrügen, untreu sein
plaquer qn	mit jmd. Schluss machen
avoir le ticket pour qn	auf jmd. abfahren
être jaloux	eifersüchtig sein
mettre à la porte	vor die Tür setzen
se faire des mecs	es mit jedem treiben
l'ex	der Ehemalige
le coup de foudre	Liebe auf den ersten Blick
le cinq à sept	Liebe am Nachmittag
cajoler	schmusen
baiser	bumsen
le baiser	der Kuss
l'amour flou	lockere Bettgeschichte

Man lernt in der Schule, baiser *heiße „küssen". In diesem Sinn sollte man es nie gebrauchen, denn für „küssen" sagt man* embrasser. *Das aber heißt wörtlich „umarmen". Der Kuss (als Hauptwort) wiederum bleibt* le baiser. *Zu kompliziert?*

Foto: Gautier_Willaume@Fotolia.com

le baisenville	Koffer mit dem Nötigsten
se faire faire un enfant	sich ein Kind machen lassen
la pilule	Pille
le contraceptif	Verhütungsmittel
le préservatif, le condom	Kondom
le diaphragme	Diaphragma
le pessaire	Pessar
les règles	Menstruation
les tampons	Tampons
l'avortement, IVG *(iweshe)*	Abtreibung
la grossesse	Schwangerschaft
enceinte	schwanger
violer	vergewaltigen
la maladie vénérienne	Geschlechtskrankheit
le SIDA	AIDS

Polizei

Où est le commissariat de police?
Wo ist die Polizei?

On m'a volé ...
õ ma wole
Man hat mir ... gestohlen.

J'ai perdu ...
shä pärdü ...
Ich habe ... verloren.

mon appareil de photo	... meinen Fotoapparat.
ma voiture	... mein Auto.
mon portefeuille	... meine Brieftasche.
mon sac	... meine Tasche
mes bagages	... mein Gepäck.
mes papiers	... meine Papiere.

faire une déclaration	anzeigen
la clé de voiture	Autoschlüssel
le voleur	Dieb
au voleur	haltet den Dieb
la prison	Gefängnis
l'argent	Geld
au secours	Hilfe
la police	Polizei
l'agent de police	Polizist
le flic	Bulle (Polizist)
la drogue	Rauschgift
la montre	Uhr
l'accident	Unfall

Non, je ne suis pas le voleur, je suis le volé.
nõ shö nö ßüi pa lö wolör shö ßüi lö wole
Nein, ich bin nicht der Dieb,
ich bin der Bestohlene.

Non, je ne suis pas le meurtrier!
nõ shö nö ßüi pa lö mörtrije
Nein, ich bin nicht der Mörder!

Zoll

Zollkontrollen betreffen Sie im Schengen-Land Frankreich normalerweise nicht mehr. Es gibt aber noch andere frankophone Länder.

Votre passeport, svp!
Ihren Reisepass bitte!

Vous n'avez rien à déclarer?
Haben Sie nichts zu verzollen?

Ouvrez votre valise / sac.
Öffnen Sie Ihren Koffer / Ihre Handtasche!

la douane	Zoll
le passeport	Reisepass
la carte d'identité	Personalausweis
le visa	Visum
la date d'entrée	Einreisedatum
la date de sortie	Ausreisedatum
la durée de séjour	Aufenthaltsdauer
la nationalité	Nationalität
la validité	Gültigkeit

Krank sein

la pharmacie *farmaßi*	Apotheke
le médecin *medßẽ*	Arzt
la veine *wän*	Ader
l'allergie *alärshi*	Allergie
contagieux *kõtashiö*	ansteckend
respirer *räßpire*	atmen
le traitement *trätmã*	Behandlung
le sang *ßã*	Blut
la fracture *fraktür*	Bruch
le diagnostic *diagnoßtik*	Diagnose
le régime *reshim*	Diät
vomir *womir*	erbrechen
le rhume *rüm*	Erkältung, Schnupfen
la fièvre *fiäwr*	Fieber
le plombage *plõbash*	(Zahn-)Füllung
cassé *kaße*	gebrochen
la toux *tu*	Husten
vacciner *wakßine*	impfen
l'infection *ẽfäkßiõ*	Infektion
malade *malad*	krank
l'hôpital *opital*	Krankenhaus
l'infirmière *ẽfirmiär*	Krankenschwester
la maladie *maladi*	Krankheit
les règles *rägl*	Menstruation
l'ordonnance *ordonãß*	Rezept
la radio *radioh*	Röntgen
la douleur *dulör*	Schmerzen
la coupure *kupür*	Schnittwunde
la grossesse *grohßäß*	Schwangerschaft
la piqûre *pikür*	Spritze

les comprimés	*kõprime*	Tabletten
la nausée	*nose*	Übelkeit
l'examen	*eksamẽ*	Untersuchung
le pansement	*päßmã*	Verband
brûlé	*brüle*	verbrannt
blessé	*bläße*	verletzt
prescrire	*präßkrir*	verschreiben
tordu	*tordü*	verstaucht
faire mal	*fär mal*	weh tun
la plaie	*plä*	Wunde
le dentiste	*dãtißt*	Zahnarzt

Körperteile		
le bras	*bra*	Arm
l'œil / les yeux	*öj / jö*	Auge/-n
le ventre	*wãtr*	Bauch
la jambe	*shãb*	Bein
l'appendice	*apãdiß*	Blinddarm
la poitrine	*poatrin*	Brust
l'intestin	*ẽtäßtẽ*	Darm
le coude	*kud*	Ellbogen
le talon	*talõ*	Ferse
le doigt	*doa*	Finger
le pied	*pie*	Fuß
le cerveau	*ßärwoh*	Gehirn
le visage	*wisash*	Gesicht
le cou	*ku*	Hals
la gorge	*gorsh*	Hals, Kehle
la peau	*poh*	Haut
le cœur	*kör*	Herz
le genou	*shönu*	Knie
l'os / les os	*os / oh*	Knochen

la tête *tät*	Kopf
le foie *foa*	Leber
le poumon *pumõ*	Lunge
l'estomac *äßtomak*	Magen
la bouche *busch*	Mund
le muscle *müßkl*	Muskel
le nez *ne*	Nase
le rein *rẽ*	Niere
l'oreille *oräj*	Ohr
le pénis *penіß*	Penis
le dos *doh*	Rücken
l'épaule *epohl*	Schulter
le vagin *washẽ*	Vagina

J'ai mal à la gorge / à la tête / aux dents.
shä mal a la gorsh / a la tät / oh dã
ich habe weh an die Kehle / an die Kopf / an-den Zähnen
Ich habe Hals- / Kopf- / Zahnschmerzen.

Ça fait mal.
ßa fä mal
Das tut weh.

J'ai besoin d'un médecin.
shä bösoẽ dẽ medßẽ
ich'habe Bedarf von'ein Arzt
Ich brauche einen Arzt.

Informez un médecin, svp.
ẽforme ẽ medßẽ ßilwuplä
Benachrichtigen Sie bitte einen Arzt.

Slang

Mit einem Smartphone können Sie sich die mit einem 👂 gekennzeichneten Sätze dieses Kapitels anhören.

Genau wie im Deutschen redet man auch in Frankreich eher nicht z. B. von Jungen, sondern von Typen (mec), Mädels (nana), das Geld heißt Knete (fric), usw. Die sprachliche Verständigung mit französischen Jugendlichen ist selbst für Schulfranzösisch-Sprecher manchmal schwierig, weil die Slangkenntnisse relativ bescheiden sind. Hauptsächlich ist für Sie also erstmal wichtig, die Ausdrücke zu verstehen. Die folgenden Ausdrücke sind nur eine ganz winzige Auswahl.

Zuerst einmal eine Liste der gebräuchlichsten Wörter, dann folgen ein paar typische Redewendungen.

Wenden Sie nicht alles gleich an – manches gilt schon als normal, anderes immer noch als ordinär. Vergleiche auch die Kapitel „Anmache", „Bettgeschichten" und „Ärger".

machin *masché*	Dingsbums
le truc *trük*	Sache, Ding
le fric *frik*	Knete, Moneten
le boulot *buloh*	Maloche
la bouffe *buf*	Fressalien (Essen)
bouffer *bufe*	fressen
la bagnole *banjol*	Kiste, Karre (Auto)
la nana *nana*	Mädchen
le mec *mäk*	Typ, Mann
le copain *kopẽ*	Kumpel, Freund
la copine *kopin*	Freundin, Bekannte
le / la gosse *goß*	Göre, Kind
môme *mohm*	Kind, Fratz
piquer *pike*	klauen
branché *brãsche*	„in"

la boum *bum*	Fete
vachement *waschmã*	total
la bagarre *bagar*	Rauferei, Schlägerei
marrant *marã*	witzig
cent balles *ßã bal*	hundert Piepen
la gueule *göl*	Schnauze
gueuler *göle*	rumschreien
s'engueuler *ßängöle*	sich anschreien
le bazar / le bordel *basar / bordäl*	Chaos
la piaule *piohl*	Zimmer, Bude
le pédé *pede*	Schwuler
fabriquer *fabrike*	„machen"
la clope *klop*	Kippe (Zigarette)
bosser *boße*	schuften
génial *shenial*	genial
chouette / super *schuät / ßüpär*	toll
baiser *bäse*	bumsen
connerie *konri*	Dummheit
déconner *dekone*	spinnen
le bahut *baü*	Penne (Schule)
le tube *tüb*	Hit

Das Wort vachement *(kuhmäßig) hat die gleiche Funktion wie unser „voll" oder „absolut". Man kann also* vachement chouette *sagen, das heißt dann „affengeil", oder* vachement con, *das heißt dann „total beschissen".*

Redewendungen

Je suis crevé.	Ich bin fix und fertig.
Je craque.	Ich flipp' aus!
Laisse tomber!	Vergiss es!
C'est bidon.	Das ist nur Schau!
Je m'en fous.	Das ist mir scheißegal!
J'en ai marre.	Ich habe die Nase voll!

ich bin krepiert
ich krache
lass fallen
das'ist Kanne

Und noch ein Hinweis ganz zum Schluss: Die Umgangssprache bietet eine super-einfache Möglichkeit, Sätze zu bilden: mit ça *ßa und einem Verb in der 3. Person Einzahl.*

C'est ...

C'est rigolo. *ßä rigoloh*	Das ist lustig.
... dingue. *dẽg*	... verrückt.
... dément. *demã*	... verrückt.
... sympa. *ßẽpa*	... nett.
... extra. *äkßtra*	... spitze.
... sensa. *ßãßa*	... toll.
... super. *ßüpär*	... super.

Ça ...

Ça va. *wa*	Es geht.
Ça suffit. *ßüfi*	Das reicht.
Ça nous dérange. *nu derãsh*	Das stört uns.
Ça me plaît. *mö plä*	Das gefällt mir.
Ça marche. *marsch*	Das klappt.
Ça existe. *äksißt*	Das kommt vor.
Ça ne me regarde pas. *nö mö rögard pa*	Das ist mir egal.
Ça se peut. *ßö pö*	Das kann angehen.
Ça m'arrange bien. *marãsh bjẽ*	Das passt mir gut.
Ça arrive. *ariw*	Das kommt vor.
Ça promet. *promä*	Da kommt was auf uns zu.
Ça dure. *dür*	Das dauert.
Ça t'intéresse? *tẽteräß*	Interessiert dich das?

Ärger

Auch schimpfen können ist wichtig. Aber man sollte eigentlich lieber auf die aktive Anwendung verzichten. Ganz schwere Beleidigungen sind als solche gekennzeichnet (💣). Wenn man diese anwendet, sollte man zumindest auch das Vokabular des Kapitels „Krank sein" gelernt haben!

le salaud 💣	*ßaloh*	Drecksau *(Männer)*
la salope 💣	*ßalop*	Drecksau *(Frauen)*
merde!	*märd*	Scheiße
merdique	*märdik*	beschissen
emmerder	*ãmärde*	nerven, langweilen
emmerdant	*ãmärdã*	langweilig
minable	*minabl*	Niete
con 💣	*kõ*	Blödmann
connard / **connasse**	*konar* / *konaß*	Idiot (*Mann* / *Frau*)
cul 💣	*kü*	Arsch
moche	*mosch*	hässlich
dégueulasse	*degölaß*	zum Kotzen
foutu	*futü*	verpfuscht
foutre	*futr*	bumsen (*z. T. auch nur* „tun")
putain	*pütẽ*	Hure, verdammt
bordel	*bordäl*	Unordnung, Chaos
trouduc	*trudük*	Arschloch

espèce de con *äßpäß dö kõ*	(Du) Arschloch!
… d'imbécile *… dẽbeßil*	(Du) Blödmann!
… d'idiot *… didioh*	(Du) Idiot!
pauvre type! *pohwr tip*	Armer Wicht!
Ça me fait chier.	Das kotzt mich an.
C'est chiant.	Das ist beschissen.
Fous le camp!	Verpiss dich!
Fiche-moi la paix!	Lass mich in Ruhe!
Arrête!	Hör auf!
Tire-toi!	Hau ab!
Pas question!	Kommt nicht in Frage!
Tu parles!	Sag bloß!
Tu rigoles!	Du machst wohl Witze!
Tu déconnes!	Du spinnst!
Ça suffit!	Jetzt reicht's!
Je vais te casser la gueule!	Ich polier dir gleich die Fresse!
Ta gueule!	Halt die Schnauze!

Und wundern Sie sich nicht: Es gibt auch eine Mode, die Silben der Wörter noch zu verdrehen: chébran = branché.

C'est nul / zéro / chiant / dégueu / débile.
ßä nül / seroh / schiã / degö / debil
Das ist Null / beschissen / zum Kotzen / bescheuert.

Mehr dazu ist übrigens auch im Kauderwelsch-Band 42, „Französisch Slang", zu lesen.

Wie man sieht, bilden manche Wörter ganze Schimpfwortfamilien, wie merde, con und gueule. Am wirksamsten sind die Schimpfworte in Kombination:

putain de bagnole	**bordel de merde**
verdammte Karre	Scheißunordnung

Franglais

Das ist eine Wortneubildung aus français und anglais (Englisch). Denn eigentlich fahren die jungen Franzosen auch total auf englische Wörter ab – nur die Sprachpuristen verlangen ständig ein „gereinigtes" Französisch. Viele franglais-Ausdrücke sind längst allgemein gebräuchlich.

un rocker	*rokör*
le flirt	*flört*
le meeting	*miting*
le know-how	*noh ao*
le must	*mößt*
cool	*kul*
D.J.	*didshi*
flipper (rumflippen)	*flipe*
le mixage	*mikßash*
le curseur	*körßör*
checker (abchecken)	*tschäke*
parking	*parking*

Das Witzige daran für uns ist die Aussprache – oft versteht man erst beim dritten Mal, dass es Englisch sein soll.

Abkürzungen

Vielleicht fällt es uns in Frankreich nur deswegen mehr auf, weil wir mit den meisten Abkürzungen nichts anfangen können. Auf jeden Fall begegnet man auf Schritt und Tritt Buchstabenkombinationen, die man nicht entziffern kann, z. B. auf Straßenverkehrsschildern. Zum Teil sind sie auch als neue Worte in den Sprachgebrauch eingegangen wie ZUP *süp*.

ANPE	Arbeitsamt
RER	S-Bahn
BD	Comics
UE	Europäische Union (EU)
ONU	Vereinte Nationen (UNO)
RFA	Bundesrepublik Deutschland
HLM	Sozialwohnungen
SIDA	AIDS
K7	Kassette
SMIC	gesetzl. garant. Mindestlohn
MLF	Frauenbewegung
SNCF	französ. staatl. Eisenbahn
PS	Sozialistische Partei
PC	Kommunistische Partei
svp	bitte
TF1	Fernsehsender
RATP	Pariser Verkehrsbetriebe
TGV	Hochgeschwindigkeitszug
TVA	Mehrwertsteuer
ZUP	Zone ohne Infrastruktur

Ein zweites Abkürzungsphänomen in Frankreich war zuerst nur in der Umgangssprache zu finden. Inzwischen aber ist es ganz normal, lange Wörter abzukürzen. Bei uns gibt's das ja auch („Foto“ statt „Fotografie“).

extra	**(-ordinaire)**	super
sensa	**(-tionel)**	Wahnsinn!
le ciné	**(-ma)**	Kino
la télé	**(-vision)**	TV
la manif	**(-estation)**	Demo(nstration)
le métro	**(-politain)**	U-Bahn
le resto	**(restaurant)**	Restaurant
le resto U	**(r. universitaire)**	Mensa
sympa	**(-thique)**	nett, sympathisch
le bac	**(-calauréat)**	Abi(tur)
le prof	**(-esseur)**	Lehrer
le pédé	**(-raste)**	Schwuler
le vélo	**(-cipède)**	(Fahr-)Rad
la gym	**(-nastique)**	Sport
les maths	**(mathématiques)**	Mathe(matik)
la photo	**(-graphie)**	Foto
le frigo	**(frigidaire)**	Kühlschrank
la pub	**(-licité)**	Werbung
l'expo	**(-sition)**	Ausstellung
le perco	**(-lateur)**	Kaffeemaschine

Bei den meisten ist es relativ leicht, sich selbst die Ursprungsform zu erschließen. Nur manche machen einen kleinen Umweg, zumal in der Schreibung:

restaurant → restau → resto.

Dazulernen

Comment?	Wie bitte?
Répétez, svp!	Wiederholen Sie, bitte!
Je ne comprends pas.	Ich verstehe nicht.
Epelez le mot, svp!	Buchstabieren Sie, bitte!
Comment ça se prononce?	Wie spricht man das aus?
Quel est le sens de ...?	Was bedeutet ...?
Quel est le terme pour ...?	Wie ist das Wort für ...?
Plus lentement, svp.!	Langsamer, bitte!
Pourriez-vous traduire?	Könnten Sie übersetzen?
Pardon, j'ai mal compris.	Verzeihung, ich habe nicht richtig verstanden.

Foto: GK

Café in Paris

Wörterliste Deutsch – Französisch

Foto: GK

Menschen im Park, Paris

In der Wörterliste kommen folgende Abkürzungen vor:

m	männliches Hauptwort
w	weibliches Hauptwort
Mz	Mehrzahl
qn	quelqu'un (jemand)
qch	quelque chose (etwas)
*	unregelmäßiges Verb

A

ab (Verhältnisw.) dès;
a. und zu de temps en temps
abbiegen virer;
(in e. Richtung) tourner
Abend soir, *m*
Abendessen dîner, *m*
abends le soir
aber mais
abfahren partir*
Abfahrt départ, *m*
Abflug départ, *m*
Abhang pente, *w*
abhängen dépendre*;
(abnehmen) décrocher
abheben (Flugz.) décoller
Abkürzung (Wort) abréviation, *w*;
(Weg) raccourci, *m*
ablehnen refuser
abräumen débarasser
Abreise départ, *m*
Abschied adieu(x), *m (Mz)*
abschleppen remorquer
Absender expéditeur, *m*
Absicht intention, *w*
absichtlich exprès
Abstand distance, *w*
Abteil compartiment, *m*
Abteilung (Laden) rayon, *m*
abwesend absent
Achtung attention, *w*
Adresse adresse, *w*
ähnlich semblable
alle tous
Allee (Stadt) avenue, *w*
allein seul
alles tout
allgemein général
als (zeitl.) quand;
(Vergl.) que;
a. ob comme si
also donc
alt vieux
Alter (Lebens-) âge, *m*
altmodisch démodé
Ameise fourmi, *w*
Ampel feu, *m*
Amt office, m
anbieten offrir*
Andenken souvenir, *m*
anderer autre
ändern modifier, changer
anders différent;
(Adv.) autrement
anderswo ailleurs
Anfang début, *m*
anfangen commencer
anfassen toucher
Angebot offre, *w*
Angel canne à pêche, *w*
Angelegenheit affaire, *w*
angenehm agréable
Angestellte(r) employé, *m*; employée, w
Angst peur, *w*
anhalten (s')arrêter
ankommen arriver
ankündigen annoncer
Ankunft arrivée, *w*
Anlegestelle embarcadère, *m*
anmelden déclarer;
sich a. s'inscrire*
annehmen accepter
anprobieren essayer
Anruf coup de téléphone, *m*
anrufen téléphoner
anscheinend apparemment
Anschluss branchement, *m*;

(Zug) correspondance, *w*
anstrengend fatigant
Anstrengung effort, *m*
Antwort réponse, *w*
antworten répondre
Anwalt avocat, *m*
anwesend présent
Anzahl nombre, *m*
Anzeige (Justiz) plainte, *w*
anziehen mettre*;
sich a. s'habiller
Anzug costume, *m*
anzünden allumer
Apfel pomme, *w*
Apfelsine orange, *w*
Apotheke pharmacie, *w*
Appetit appétit, *m*
Aprikose abricot, *m*
Arbeit travail, *m*
arbeiten travailler
Arbeiter ouvrier, *m*
Arbeitsloser chômeur, *m*
arm pauvre
Arm bras, *m*
Armband bracelet, *m*
Ärmel manche, *w*
Armut pauvreté, *w*
Art: A. u. Weise manière, *w*;
(Sorte) espèce, *w*
Artikel article, *m*
Artischocke artichaud, *m*
Arznei médicament, *m*
Arzt médecin, *m*
Arztpraxis
cabinet médical, *m*
Asche cendres, *w Mz*
Aschenbecher cendrier, *m*
atmen respirer
Aubergine aubergine, *w*
auch aussi;
a. nicht ne ... pas non plus
aufbewahren garder
Aufenthalt séjour, *m*

Aufführung
représentation, *w*
Aufgabe tâche, *w*
aufheben relever
aufhören arrêter
aufmerksam attentif
aufpassen faire* attention
aufregen énerver
aufstehen se lever
aufwachen se réveiller
Aufzug ascenseur, *m*
Auge œil, *m* (*Mz:* yeux)
Augenblick moment, *m*
Augenbraue sourcil, *m*
Ausdruck expression, *w*
ausdrücklich expressément
Ausfahrt sortie, *w*
Ausflug excursion, *w*
ausfüllen remplir*
Ausgaben dépenses, *w Mz*
Ausgang sortie, *w*
ausgeben dépenser
ausgehen sortir*
ausgezeichnet excellent
Auskunft renseignement, *m*
Ausland, Ausländer
étranger, *m*
Ausnahme exception, *w*
ausreichen suffire*
ausruhen, sich se reposer
ausschalten éteindre*
aussehen avoir* l'air
außen à l'extérieur
außerdem en outre
außergewöhnlich
extraordinaire
Aussicht vue, *w*
aussprechen prononcer
aussteigen descendre
Ausstellung exposition, *w*
aussuchen choisir
Austausch échange, *m*
Auster huitre, *w*

Ausverkauf soldes, *m Mz*
Auswahl choix, *w*
Ausweis carte d'identité, *w*
auswendig par cœur
ausziehen quitter;
sich a. se déshabiller
Auto voiture, *w*
Autobahn autoroute, *w*
Automat
distributeur automatique, *m*
Avokado avocat, *m*

B

Baby bébé, *m*
Bach ruisseau, *m*
Bäcker boulanger, *m*
Bäckerei boulangerie, *w*
Bad bain, *m*
Badeanzug
maillot de bain, *m*
baden se baigner
Badezimmer
salle de bains, *w*
Bahnhof gare, *w*
Bahnsteig quai, *m*
bald bientôt
Ball ballon, m
Bank (Geld-) banque, *w*;
(Sitz-) banc, *m*
Bargeld espèces, *w Mz*
Bart barbe, *w*
Batterie pile, *w*
Bauch ventre, *m*
bauen construire*
Bauer paysan, *m*
Bauernhof ferme, *w*
Baum arbre, *m*
Baumwolle coton, *m*
Baustelle chantier, *m*
Beamte(r)
fonctionnaire, *m/w*

bedauern regretter
Bedauern regret, *m*
bedeuten signifier
Bedienung service, *m*
Bedingung condition, *w*
Bedürfnis besoin, *m*
beeilen, sich se dépêcher
beenden terminer
Beere baie, *w*
befinden, sich se trouver
befriedigt satisfait
begegnen rencontrer
Beginn début, *m*
begleiten accompagner
behalten garder
behandeln traiter
Behandlung traitement, *m*
behindert handicapé
Behörde service administratif, *m*
beide tous les deux
Beileid condoléances, *w Mz*
Bein jambe, *w*
Beispiel exemple, *w*; **zum B.** par exemple
beißen mordre
bekannt connu
bekommen recevoir*
belästigen molester
beleidigen offenser
beleuchtet illuminé
bellen aboyer
bemerken remarquer
bemühen, sich faire* un effort
benachrichtigen avertir, prévenir*
benehmen, sich se comporter
Benehmen conduite, *w*
benötigen avoir* besoin de
benutzen utiliser
Benzin essence, *w*
beobachten observer
bequem confortable
berechtigt autorisé
bereit prêt
Berg montagne, *w*
Bericht compte-rendu, *m*
Beruf profession, *w*
berühmt célèbre
berühren toucher
beschäftigen, sich s'occuper
bescheiden modeste
bescheinigen attester
Bescheinigung attestation, *w*
beschleunigen accélérer
beschließen décider
beschreiben décrire*
Beschwerde plainte, *w*
beschweren, sich se plaindre*
Besen balai, *m*
besetzt occupé
besichtigen visiter
besitzen posséder
Besitzer propriétaire, *m*
besonderer particulier
besonders surtout
besorgen procurer
besser meilleur
bestätigen confirmer
Besteck couverts, *m Mz*
bestehen: b. auf insister sur; **b. aus** se composer de
bestellen commander
Bestellung commande, *w*
bestimmt (Adv.) sûrement
Besuch visite, *w*
besuchen aller* voir
beträchtlich considérable
Betrag montant, *m*
betreffend concernant
betrügen tromper
betrunken ivre
Bett lit, *m*
beunruhigen, sich s'inquiéter
bevor avant que
bewegen déplacer; **(Körperteil)** bouger
Bewegung mouvement, *m*
Beweis preuve, *w*
beweisen prouver
bewundern admirer
bewusst conscient
bezahlen payer
Beziehung relation, *w*
Bibliothek bibliothèque, *w*
Biene abeille, *w*
Bier bière, *w*
Bild image, *w*; **(Gemälde)** tableau, *m*
billig bon marché
Birne poire, *w*; **(Glüh-)** ampoule, *w*
bis jusqu'à
bislang jusqu'ici
bisschen: ein b. un peu
Bitte demande, *w*
bitten demander
bitter amer
blasen souffler
blass pâle
Blatt feuille, *w*
blau bleu
bleiben rester
Bleistift crayon, *m*
Blick regard, *m*
blind aveugle
Blitz éclair, m
blöd stupide
blond blond
blühen fleurir
Blume fleur, *w*
Blut sang, *m*

bluten saigner
Boden sol, *m*;
(Grund) fond, *m*
Bohne haricot, *m*
Boot bateau, *m*; barque, *w*
böse méchant
Botschaft ambassade, *w*
Brand incendie, *w*
brauchen avoir* besoin de
braun marron;
(Haare) brun;
b. werden bronzer
Braut mariée, *w*
brechen rompre
breit large
Bremse frein, *m*
brennen brûler
Brett planche, *w*
Brief lettre, *w*
Briefkasten boîte aux lettres, w
Briefmarke timbre, *w*
Brieftasche portefeuille, *m*
Briefträger facteur, m
Brille lunettes, *w Mz*
bringen porter, apporter
Brot pain, *m*
Brücke pont, *m*
Bruder frère, *m*
Brunnen puits, *m*;
(Spring-) fontaine, *w*
Brust poitrine, *w*;
(Busen) sein, *m*
Buch livre, *m*
Buchladen librairie, *w*
buchstabieren épeler
Bucht baie, *w*
bügeln repasser
bunt multicolore
Burg château, *m*
Bürger (Staats-) citoyen, *m*
Bürgersteig trottoir, *m*
Büro bureau, *m*
Bürste brosse, *w*
Bus bus, *m*;
(Reise-) car, *m*
Büstenhalter soutien-gorge, *m*
Butter beurre, *m*

C

Café salon de thé, *m*
Campingplatz camping, *m*
Chef patron, *m*
Christ chrétien, *m*
Computer ordinateur, *m*

D

da (Ort) là;
(Grund) comme;
d. ist voici, voilà
Dach toît, *m*
damals alors, à cette époque
Dame dame, *w*
Damenbinde serviette hygiénique, *w*
Dämmerung crépuscule, *m*
Dampf vapeur, *w*
danach après
dankbar reconnaissant
danken remercier
dann ensuite, puis
Darm intestin, *m*
dass que
dasselbe la même chose
Datum date, *w*
Dauer durée, *w*
dauern durer
dauernd permanent
Decke (Bett-) couverture, *w*;
(Tisch-) nappe, *w*;
(Zimmer-) plafond, *m*
Defekt défaut, *m*
demnächst prochainement
denken penser
Denkmal monument, *m*
denn car
derselbe le même
deshalb pour cela, c'est pourquoi
Diät régime, *m*
dicht épais
dick gros
Dieb voleur, *m*
Diebstahl vol, *m*
dienen servir*
Dienst service, *m*
Ding chose, *w*
direkt direct
doch si
Dokument document, *m*
Dolmetscher(in) interprète, *m/w*
Donner tonnerre, *m*
doppelt double
Dorf village, *m*
dort là-bas
Dose boîte, *w*
Draht fil (métallique), *m*
draußen dehors
drehen tourner
dringend urgent
drinnen dedans
Drittel tiers, *m*
drüben de l'autre côté
drucken imprimer
drücken (Knopf) appuyer
dumm bête, sot
Düne dune, *w*
dunkel sombre;
(Farbton) foncé
Dunkelheit obscurité, *w*
dünn mince
Durchfall diarrhée, *w*

durchschnittlich moyen
dürfen pouvoir*
Durst soif, *w*
Dusche douche, *w*
duschen se doucher
Dutzend douzaine, *w*

E

Ebene plaine, *w*
echt authentique
Ecke coin, *m*;
(Winkel) angle, *m*
Ehe mariage, *m*
ehrlich honnête
Ei œuf, *m*
eifersüchtig jaloux
eigener propre
Eigenschaft qualité, *w*
Eigentum propriété, *w*
Eile hâte, *w*
eilig pressé
Eimer seau, *m*
Einbruch cambriolage, *m*
Eindruck impression, *w*
einfach simple
Einfahrt, -gang entrée, *w*
einige quelques, *Mz*
einkaufen faire* les courses
einladen inviter
Einladung invitation, *w*
einschalten allumer
einschlafen s'endormir
einsteigen monter
eintreten entrer
einverstanden d'accord
einwickeln envelopper
Einwohner habitant, *m*
Einzelheit détail, *m*
einzig seul
einzigartig unique
Eis glace, *w*;
(Glatt-) verglas, *m*
Eisen fer, *m*
Eisenbahn chemin de fer, *m*
Ellbogen coude, *m*
Eltern parents, *m Mz*
E-Mail courrier électronique, *m*
Empfang réception, *w*
empfangen accueillir
Empfänger destinataire, *m*
empfehlen recommander
Ende fin, *w*;
(räuml.) bout, *m*
enden se terminer, finir
endlich enfin
Endstation terminus, *m*
eng étroit
Enkel petit-fils, *m*
Enkelin petite-fille, *w*
entdecken découvrir*
Ente canard, *m*
entfernt éloigné
entgegengesetzt opposé
entscheiden décider
Entschluss décision, *w*
entschuldigen, sich s'excuser
Entschuldigung! pardon!
enttäuscht déçu
entweder ... oder ou ... ou
entwickeln développer
Entwicklung développement, *m*
entzückend ravissant
Erbse petit pois, *m*
Erde terre, *w*
Erdbeben tremblement de terre, *m*
Erdbeere fraise, *w*
Erdgeschoss rez-de-chaussée, *m*
Erdnuss cacahuète, *w*
Ereignis événement, *m*
Erfahrung expérience, *w*
erfinden inventer
Erfolg succès, *m*
Ergebnis résultat, *m*
ergreifen saisir
erhöhen augmenter
erinnern (jmdn.) rappeler;
sich e. se souvenir* (de)
Erinnerung mémoire, *w*
Erkältung rhume, *m*
erkennen reconnaître*
erklären expliquer
erkundigen, sich se renseigner
erlauben permettre*
Erlaubnis permission, *w*
erledigen régler
Ermäßigung réduction, *w*
ermöglichen rendre possible
ermüden fatiguer
ernst sérieux
Ernte récolte, *w*; moisson, *w*
erreichen atteindre*
Ersatzteil pièce de rechange, *m*
erscheinen apparaître*
erschöpft épuisé
ersetzen remplacer
ertragen supporter
erwarten attendre
erzählen raconter
Erzeugnis produit, *m*
Erziehung éducation, *w*
essbar comestible
essen manger
Essig vinaigre, *m*
etwas quelque chose
extra à part

F

Fabrik usine, *w*
Fächer éventail, *m*
Faden fil, *m*
fähig capable
Fahne drapeau, *m*

Fahrbahn voie, *w*
Fähre bac, *w*; ferry-boat, *m*
fahren aller*;
A. fahren conduire
Fahrer conducteur, *m*; chauffeur, *m*
Fahrplan horaire, *m*
Fahrrad bicyclette, *w*; vélo, *m*
Fahrt voyage, *m*; tour, *m*
Fahrzeug véhicule, *m*
Fall cas, *m*
fallen tomber
falls si
falsch faux
Familie famille, *w*
fangen attraper
Farbe couleur, *w*
Fass tonneau, *m*
fast presque
faul paresseux; **(Obst)** pourri
fegen balayer
fehlen manquer
Fehler faute, *w*
Feier fête, *w*
Feiertag jour férié, *m*
feiern fêter
feilschen marchander
fein fin
Feind ennemi, *m*
Feld champ, *m*
Felsen rocher, *m*
Fenster fenêtre, *w*
Ferien vacances, *w Mz*
fern loin
Fernsehen télévision, *w*
fertig prêt
fest dur
festlegen fixer
fett gras
Fett graisse, *w*
feucht humide
Feuer feu, *m*
Feuerlöscher extincteur, *m*
Feuerwehr pompiers, *m Mz*
Feuerzeug briquet, *m*
Fieber fièvre, *w*
finden trouver
Finger doigt, *m*
Fisch poisson, *m*
fischen pêcher
Fischer pêcheur, *m*
flach plat
Flasche bouteille, *w*
Fleck tache, *w*
Fleisch viande, *w*
fleißig travailleur, appliqué
Fliege mouche, *w*
fliegen voler
fließen couler
flirten flirter
fluchen jurer
Flug vol, *m*
Flughafen aéroport, *m*
Flugzeug avion, *m*
Fluss rivière, *w*
flüssig liquide
flüstern chuchoter
folgen suivre*
fordern exiger
Forelle truite, *w*
Formular formulaire, *m*
Fortschritt progrès, *m*
fortsetzen continuer
Fotografie photo, *w*
Frage question, *w*
fragen demander
Frau (a. Ehe-) femme, *w*; **(Anrede)** Madame, *w*
Fräulein Mademoiselle, *w*
frech insolent
frei libre
Freiheit liberté, *w*
Freizeit loisirs, *m Mz*
fremd étranger
Freude joie, *w*
freuen, sich se réjouir*
Freund ami, *m*
Freundin amie, *w*
freundlich aimable
Frieden paix, *w*
Friedhof cimetière, *m*
frieren avoir* froid
frisch frais
Friseur coiffeur, *m*
frisieren coiffer
fröhlich joyeux, gai
Frucht fruit, *m*
früh tôt
früher (einst) autrefois
Frühling printemps, *m*
Frühstück petit déjeuner, *m*
fühlen, sich se sentir*
führen guider
Führer (Fremden-) guide, *m*
Führerschein permis de conduire, *m*
füllen remplir*
funktionieren fonctionner
Furcht crainte, *w*
fürchten craindre*
Fuß pied, *m*; **zu F.** à pied
Fußball football, *m*
Fußgänger piéton, *m*

G

Gabel fourchette, w
Gang (Durch-) passage, *m*
Gans oie, *w*
ganz tout, entier
Garten jardin, *m*
Gasse ruelle, *w*
Gast hôte, *m*
Gastfreundschaft hospitalité, *w*
Gasthaus auberge, *w*
Gebäck pâtisseries, *w Mz*
Gebäude bâtiment, *m*
geben donner;
es gibt il y a
Gebirge montagne, *w*

geboren né;
g. werden naître*
Gebrauch usage, m
Gebühren droits, *m Mz*; frais, *m Mz*
Geburt naissance, *w*
Geburtstag anniversaire, *m*
Gedanke pensée, *w*
Geduld patience, *w*
Gefahr danger, *m*
gefährlich dangereux
gefallen plaire*
Gefallen service, *m*
Gefängnis prison, *w*
Geflügel volaille, *w*
Gefühl sentiment, *m*
Gegend région, *w*
Gegenstand objet, *m*
Gegenteil contraire, *m*
gegenüber en face
geheim secret
gehen aller*;
(zu Fuß) marcher
Gehirn cerveau, *m*
gehören appartenir*
Geist esprit, *m*
geizig avare
gekocht cuit
gelb jaune
Geld argent, *m*
Geldautomat guichet automatique , *m*
Geldbörse porte-monnaie, *m*
Geldschein billet, *m*
Gelegenheit occasion, *w*
Geliebter amant, *m*
gelingen réussir*
Gemeinde commune, *w*
Gemüse légumes, *m Mz*
genau exact
genug assez
Gepäck bagages, *m Mz*
gerade droit
geradeaus tout droit
Gerät appareil, *m*
Geräusch bruit, *m*
gerecht juste
Gericht tribunal, *m*;
(Speise) plat, *m*
gerne volontiers
Geruch odeur, *w*
geschehen arriver, se passer
Geschenk cadeau, *m*
Geschichte histoire, *w*
geschieden divorcé
Geschirr vaisselle, *w*
geschlossen fermé
Geschmack goût, *m*
Geschwindigkeit vitesse, *w*
Gesellschaft société, *w*
Gesetz loi, *w*
Gesicht visage, *m*
Gespräch conversation, *w*
gestern hier
gesund en bonne santé, sain
Gesundheit santé, *w*
Getränk boisson, *w*
Gewicht poids, *m*
gewinnen gagner
gewiss certain
Gewitter orage, *m*
gewöhnen, sich s'habituer
Gewohnheit habitude, *w*
Gewürz épice, *w*;
(Würze) condiment, *m*
Gezeiten marée, *w*
Gift poison, *m*
Gipfel sommet, *m*
Gitter grille, *w*
glänzen briller
Glas (Material u. Trink-) verre, *m*
Glasscheibe vitre, *w*
glauben croire*
gleich pareil
gleichen ressembler
gleichzeitig en même temps
Gleis voie, *w*
Glocke cloche, *w*
Glück chance, *w*; bonheur, *m*
glücklich heureux
Glückwunsch félicitation, *w*
Gold or, *m*
Gott Dieu, *m*
Grad degré, *m*
Gras herbe, *w*
gratulieren féliciter
grau gris
Grenze frontière, *w*
groß grand
Größe (Kleidung) taille, *w*
Großmutter grand-mère, *w*
Großvater grand-père, *m*
grün vert
Grund (Sinn) raison, *w*
Gruppe groupe, *m*
grüßen saluer
gültig valable
Gurke concombre, *m*
Gürtel ceinture, *w*
gut bon;
(Adv.) bien

H

Haar cheveu, *m*
haben avoir*
Hafen port, *m*
Hagel grêle, *w*
Hahn coq, *m*
halb demi
Hälfte moitié, *w*
Hals cou, *m*;
(Rachen) gorge, *w*
halten (fest-) tenir*;
h. für etw. prendre pour
Haltestelle arrêt, *m*
Hammer marteau, *m*
Hand main, *w*

Handel commerce, *m*
handeln agir
Händler marchand, *m*
Handtuch serviette, *w*
hängen (an-) accrocher; **(herab-)** pendre
hart dur
Hase lièvre, *m*
hassen haïr
hässlich laid
Hauptstadt capitale, *w*
Haus maison, *w*
Haushalt ménage, *m*
Haut peau, *w*
heben lever
Heft cahier, *m*
heilen guérir
heiraten se marier
heiß chaud
heißen s'appeler
heizen chauffer
Heizung chauffage, *m*
helfen (jmd) aider (qn)
hell clair
Hemd chemise, *w*
Herbst automne, *m*
Herd cuisinière, *w*
Herr Monsieur, *m*
herstellen fabriquer
Herz cœur, *m*
heute aujourd'hui
hier ici
Hilfe aide, *w*
Himbeere framboise, *w*
Himmel ciel, *m*
hinaufgehen monter
hinausgehen sortir*
hindurch (quer) à travers
hineingehen entrer
hinlegen, sich se coucher
hinten en arrière
Hintern derrière, *m*
hinuntergehen descendre
Hitze chaleur, *w*
hoch haut
Hochzeit noce, *w*
Hof cour, *w*
hoffen espérer
höflich poli
Höhe altitude, *w*
Höhle cave, *w*
holen aller* chercher
Holz bois, *m*
Honig miel, *m*
hören entendre; **(zu-)** écouter
Hose pantalon, *m*
Hotel hôtel, *m*
hübsch joli
Hügel colline, *w*
Huhn poule, *w*; poulet, *m*
Hummer homard, *m*
Hund chien, *m*
Hunger faim, *w*
husten tousser
Husten toux, *w*
Hut chapeau, *m*
Hütte cabane, *w*

I

Idee idée, *w*
immer toujours
impfen vacciner
Industrie industrie, *w*
Inhalt contenu, *m*
inmitten au milieu de
innen à l'intérieur
Insekt insecte, *m*
Insel île, *w*
interessant intéressant
inzwischen entre-temps
irgendwas n'importe quoi
irgendwo quelque part
irren, sich se tromper
Irrtum erreur, *w*

J

ja oui
Jacke veste, *w*
jagen chasser
Jahr an, *m*; année, *w*
Jahrhundert siècle, *m*
jährlich annuel
jeder chaque; **ein j.** chacun
jedoch pourtant
jemand quelqu'un
jetzt maintenant
Jogurt yaourt, *m*
jucken démanger
Jugend jeunesse, *w*
jung jeune
Junge garçon, *m*

K

Kabel câble, *m*
Kaffee café, *m*
Kalb veau, *m*
Kalender calendrier, *m*
kalt froid
Kamera caméra, *w*
Kamm peigne, *m*
Kanister bidon, *m*
kaputt cassé
Karaffe carafe, *w*
Karte carte, *w*; **(Fahr-, Eintritts-)** billet, *m*; **(Land-)** carte géographique, *w*
Kartoffel pomme de terre, *w*
Käse fromage, *m*
Kasse caisse, *w*
Kathedrale cathédrale, *w*
Katze chat, *m*
kauen mâcher
Kauf achat, *m*
kaufen acheter
kaum à peine
kein aucun

Keller cave, *w*
Kellner serveur, *m*
kennen connaître*;
k. lernen faire la connaissance
Kerze bougie, *w*
Kind enfant, *m/w*
Kino cinéma, *m*
Kirche église, *w*
Kirsche cerise, *w*
Kissen oreiller, *m*
Kiste caisse, *w*; boîte, *w*
Klang son, *m*
klar clair
Klasse classe, *w*
Kleid robe, *w*
Kleidung vêtements, *m Mz*
klein petit
Kleingeld monnaie, *w*
Klinge lame, *w*
Klingel sonnette, *w*
klingeln sonner
klopfen frapper
klug intelligent
Kneipe bistrot, *m*
Knie genou, *m*
Knoblauch ail, *m*
Knochen os, *m*
Knopf bouton, *m*
Koch cuisinier, *m*
kochen faire la cuisine;
(garen) cuire;
(sieden) bouillir*
Koffer valise, *w*
Kohl chou, *m*
Kohle charbon, *m*
kommen venir*
König roi, *m*
Königin reine, *w*
können pouvoir*
Konsulat consulat, *m*
Konto compte, *m*
kontrollieren contrôler
Konzert concert, *m*
Kopf tête, *w*
Korb panier, *m*; corbeille, *w*
Korn graine, *w*
Körper corps, *m*
Korridor couloir, *m*
kosten coûter
kostenlos gratuit
Kraft force, *w*
Kragen col, *m*
krank malade
Krankenhaus hôpital, m
Krankenwagen ambulance, *w*
Krankheit maladie, *w*
Kräuter fines herbes, *w Mz*
Krawatte cravate, *w*
Krebs (allg.) crustacé, *m*;
(Garnele) crevette, *w*;
(Krabbe) crabe, *w*
Kreis cercle, *m*
Kreuz croix, *w*
Kreuzung carrefour, *m*
Krieg guerre, *w*
Krug cruche, *w*
krumm courbé
Küche cuisine, *w*
Kuchen gâteau, *m*
Kuh vache, *w*
kühl frais
Kühlschrank
réfrigérateur, *m*
Kultur culture, *w*
Kunst art, *m*
Künstler(in) artiste, *m/w*
Kürbis citrouille, *w*
Kurve virage, *m*
kurz court
Kuss baiser, *m*
küssen embrasser
Küste côte, *w*

L

lächeln sourire*
lachen rire*
Lachs saumon, *m*
laden charger
Laden magasin, *m*;
(kleiner) boutique, *w*
Lage situation, *w*
Laken drap, *m*
Lamm agneau, *m*
Lampe lampe, *w*
Land pays, *m*
landen atterrir*
Landschaft paysage, *m*
Landwirtschaft
agriculture, *w*
lang long
lange (zeitl.) longtemps
Länge longueur, *w*
langsam lent
langweilig ennuyeux
Lärm bruit, *m*
lassen laisser, faire*
Lastwagen camion, *m*
laufen courir*
laut fort, bruyant
leben vivre*
Leben vie, *w*
Lebensmittel
denrées alimentaires, *w Mz*
Leber foie, *m*
Leder cuir, *m*
ledig célibataire
leer vide
legen mettre*
lehren enseigner
Lehrer(in) professeur, *m*
leicht (einfach) facile;
(Gewicht) léger
Leid: L. tun être* désolé
leider malheureusement
leihen, sich emprunter
leise bas, doux, léger
lernen apprendre*
lesen lire*
letzter dernier
Leute gens, *m Mz*
Licht lumière, *w*

Lid paupière, *w*
Liebe amour, *m*
lieben aimer
lieber plutôt
Lied chanson, *w*
liefern livrer
liegen être* couché
Linie ligne, *w*
links à gauche
Linse (Hülsenfrucht) lentille, *w*
Lippe lèvre, *w*
Liste liste, *w*
Liter litre, *m*
loben louer
Loch trou, *m*
Löffel cuiller, *m*
Lohn (Gehalt) salaire, *m*
löschen éteindre*
lösen (Problem) résoudre*
Luft air, *m*
Lüge mensonge, *m*
lügen mentir
Lunge poumon, *m*
lustig (komisch) drôle

M

machen faire*
Mädchen fille, *w*; **(jugendl.)** jeune fille, *w*
Magen estomac, *m*
mager maigre
mahlen moudre*
Mahlzeit repas, *m*
Mais maïs, *m*
Mal, mal fois, *w*
malen peindre*
Malerei peinture, *w*
man on
manchmal parfois
Mandel amande, *w*
Mangel manque, *m*
Mann homme, *m*; **(Ehe-)** mari, *m*
männlich masculin
Mantel manteau, *m*
Markt marché, *m*
Marmelade confiture, *w*
Maschine machine, *w*
Maß mesure, *w*
Matratze matelas, *m*
Mauer mur, *m*
Meer mer, *w*
Mehl farine, *w*
mehr plus
meinen penser
Meinung opinion, *w*
meistens le plus souvent
Melone melon, *m*; **(Wasser-)** pastèque, *w*
Menge quantité, *w*; **(Menschen-)** foule, *w*
Mensch homme, *m*; personne, *w*
messen mesurer
Messer couteau, *m*
Meter mètre, *m*
Metzgerei boucherie, *w*
Miete loyer, *m*
mieten louer
Milch lait, *m*
mild doux
mindestens au moins
Minute minute, *w*
mischen mélanger
Missbrauch abus, *m*
Misstrauen méfiance, *w*
Missverständnis malentendu, *m*
mitnehmen emmener
Mittag midi, *m*
Mittagessen déjeuner, *m*
Mitte milieu, *m*
Mitteilung information, *w*
Mittel moyen, *m*
Mittelmeer Méditerranée, *w*
Mitternacht minuit, *m*
Möbel meuble, *m*
Mobiltelefon portable, *m*
Mode mode, *w*
modern moderne
mögen aimer (bien)
möglich possible
Möhre carotte, *w*
Monat mois, *m*
monatlich mensuel
Mond lune, *w*
Moped vélomoteur, *m*
morgen demain
Morgen matin, *m*
morgens le matin
Motor moteur, *m*
Motorrad moto, *w*
Mücke moustique, *m*
müde fatigué
Mühe peine, *w*
Mühle moulin, m
Müll ordures, *w Mz*
Mülleimer poubelle, *w*
Mund bouche, *w*
Münze pièce (de monnaie), *w*
Muschel coquillage, *m*; **(Mies-)** moule, *w*
Museum musée, *m*
Musik musique, *w*
Muskel muscle, *m*
müssen devoir*
Mutter mère, *w*
Mütze (Schirm-) casquette, *w*

N

Nachbar voisin, *m*
nachher après, plus tard
Nachmittag après-midi, *m*
Nachricht nouvelle, *w*; **(Rundfunk)** informations, *w Mz*

nächster prochain;
(folgender) suivant
Nacht nuit, *w*
Nachteil inconvénient, *m*
Nachtisch dessert, *m*
Nachtlokal boîte de nuit, *w*
nachts la nuit
nackt nu
Nadel aiguille, *w*;
(Steck-) épingle, *w*
Nagel clou, *m*;
(Finger-) ongle, *m*
nahe proche
nähen coudre*
nähern, sich s'approcher
Nahrung nourriture, *w*
Name nom, *m*;
(Vor-) prénom, *m*
Nase nez, *m*
nass mouillé
Nation nation, *w*
Natur nature, *w*
natürlich naturel
Nebel brouillard, *m*;
(Dunst) brume, *w*
neben à côté de
Neffe neveu, *m*
nehmen prendre*
nein non
nennen appeler
nett gentil
Netz filet, *m*;
(Netzwerk) réseau, *m*
neu nouveau;
(ungebraucht) neuf
Neugier curiosité, *w*
neugierig curieux
neulich récemment
nicht ne ... pas;
n. einmal ne ... même pas
Nichte nièce, *w*
nichts ne ... rien
nie ne ... jamais
niedrig bas
niemand ne ... personne
Niere rein, *m*
niesen éternuer
nirgends ne ... nulle part
noch encore;
n. nicht ne ... pas encore
Norden nord, *m*
normal normal
Notfall cas d'urgence, *m*
nötig nécessaire
Nudeln nouilles, *w Mz*
Null zéro, *m*
Nummer numéro, *m*
nun maintenant
nur seulement, ne ... que
Nuss noix, *w*;
(Hasel-) noisette, *w*
Nutzen avantage, *m*
nützlich utile
nutzlos inutile

O

ob si
oben en haut
Obst fruits, *m Mz*
obwohl bien que
oder ou
Ofen (Back-) four, *m*
offen ouvert
offensichtlich évident
öffentlich public
öffnen ouvrir*
oft souvent
Ohr oreille, *w*
Öl huile, *w*
Olive olive, *w*
Onkel oncle, *m*
Oper opéra, *m*
Ordnung ordre, *m*
Organ organe, *m*
Ort lieu, *m*; endroit, *m*
Osten est, *m*
Ostern Pâques, *w Mz*
Ozean océan, *m*

P

paar: ein p. quelques, *Mz*
Paar (Dinge) paire, *w*;
(Menschen) couple, *m*
packen (Koffer) faire* la valise
Paket paquet, *m*;
(Post-) colis, *m*
Palast palais, *m*
Panne panne, *w*
Papier papier, *m*
Paprika (Gemüse) poivron, *m*;
(Peperoni) piment, *m*
Park parc, *m*
parken se garer
Parken stationnement, *m*
Parkplatz parking, *m*
Partei parti, *m*
Pass (Gebirge) col, *m*;
(Reise-) passeport, *m*
Passagier passager, *m*
passen aller* (bien)
Pause pause, *w*
Pech (Unglück) malchance, *w*
Person personne, *w*
persönlich personnel
Pfad sentier, *m*
Pfand (Flaschen-) consigne, *w*
Pfanne poêle, *w*
Pfeffer poivre, *m*
Pferd cheval, *m*
Pfirsich pêche, *w*
Pflanze plante, *w*
Pflaster (Heft-) sparadrap, *m*;

(Straßen-) pavé, *m*
Pflaume prune, *w*
Pflicht devoir, *m*
pflücken cueillir*
Pille pilule, *w*
Pilz champignon, *m*
Plan plan, *m*
Platte disque, *m*
Platz place, *w*
platzen éclater, crever
plötzlich soudain, tout à coup
Politik politique, *w*
Polizei police, *w*
Polizist agent de police, *m*
Porree poireau, *m*
Post poste, *w*
Postkarte carte postale, *w*
praktisch pratique
Präsident président, *m*
Preis prix, *m*
privat privé
probieren essayer
Problem problème, *m*
Produkt produit, *m*
Programm programme, *m*
Prospekt prospectus, *m*
protestieren protester
Prozent pour cent
prüfen examiner
Prüfung examen, *m*
Pulver poudre, *w*
Punkt point, *m*
pünktlich (Adv.) à l'heure
Pute dinde, *w*

Q

Qualität qualité, *w*
Qualle méduse, *w*
Quelle source, *w*
Quittung reçu, *m*

R

Rabatt remise, *w*
Rad roue, *w*
Radio radio, *w*
Rand bord, *m*
Rasen pelouse, *w*
Rasierapparat rasoir, *m*
rasieren raser
Rast repos, *m*
Rat conseil, *m*
Rathaus hôtel de ville, *m*
Rauch fumée, *w*
rauchen fumer
Raum espace, *w*; **(Zimmer)** pièce, *w*
rechnen calculer
Rechnung addition, *w*
Recht droit, *m*; **R. haben** avoir* raison
rechts à droite
rechtzeitig à temps
reden parler
Regen pluie, *w*
Regierung gouvernement, *m*
Region région, *w*
registrieren enregistrer
regnen pleuvoir*
reich riche
reichen (herüber-) passer
Reichtum richesse, *w*
reif mûr
Reifen pneu, *m*
rein pur
reinigen nettoyer
Reinigung nettoyage, *m*; **(Betrieb)** teinturerie, *w*
Reis riz, m
Reise voyage, *m*
Reisebüro agence de voyages, *w*
reisen voyager
Reiseroute itinéraire, *m*
reiten monter à cheval
Reklame publicité, *w*
rennen courir*
Rentner retraité, *m*
Reparatur réparation, *w*
reparieren réparer
reservieren réserver
Rest reste, *m*
Restaurant restaurant, *m*
retten sauver
richtig juste, correct
Richtung direction, *w*
riechen sentir
Rind bœuf, *m*
Ring bague, *w*
Rippe côte, *w*
Rock jupe, *w*
roh cru
rot rouge
Rücken dos, *m*
Rückfahrt retour, *m*
Rucksack sac à dos, *m*
rückwärts en arrière
rufen appeler; **(schreien)** crier
Ruhe silence, *w*
ruhig calme, tranquille
rund rond

S

Saal salle, *w*
Sache chose, *w*
Sack sac, *m*
Saft jus, *m*
sagen dire*
Salat salade, *w*; **(Kopf-)** laitue, *w*
Salbe pommade, *w*
Salz sel, *m*
salzig salé
sammeln collectionner; **(ein-)** ramasser; **(zusammen-)** recueillir*
Sand sable, *m*

satt rassasié;
(überdrüssig) las
Satz (Sprache) phrase, *w*
sauber propre
sauer acide, aigre
schade dommage
Schaden dommage, *m*
schädlich nuisible
Schaf mouton, *m*
Schaffner contrôleur, *m*
Schal écharpe, *w*
Schalter (Bank) guichet, *m*;
(elektr.) interrupteur, *m*
schämen, sich avoir* honte
scharf (Klinge) coupant;
(Spitze) aigu;
(Speise) fort, piquant
Schatten ombre, *m*
schätzen estimer
schauen regarder
Schaufenster vitrine, *w*
Schaum mousse, *w*
Scheck chèque, *m*
scheinen sembler;
(Sonne) briller
schenken offrir*
Schere ciseaux, *m Mz*
schicken envoyer
schießen tirer
Schiff bateau, *m*
Schild panneau, *m*
Schinken jambon, *m*
Schirm (Regen-) parapluie, *m*;
(Sonnen-) parasol, *m*
Schlaf sommeil, *m*
schlafen dormir*
Schlafsack sac de couchage, *m*
Schlag coup, *m*
schlagen frapper;
(besiegen) battre
Schlamm boue, *w*
Schlange serpent, *m*
schlank mince
schlecht mauvais;
(Adv.) mal
schließen fermer
schlimm grave
Schloss (Burg) château, *m*;
(Tür-) serrure, *w*;
(Vorhänge-) cadenas, *m*
Schlucht gorge, *w*
Schlüssel clé, *w*
schmackhaft délicieux
schmal étroit
Schmerz douleur, *w*
schmerzen faire* mal
Schmetterling papillon, *m*
Schminke fard, *m*
schminken, sich se maquiller
Schmuck bijoux, *m Mz*
Schmutz saleté, *w*
schmutzig sale
Schnecke escargot, *m*
Schnee neige, *w*
schneiden couper
schnell rapide;
(Adv.) vite
Schnurrbart moustache, *w*
Schokolade chocolat, *m*
schon déjà
schön beau
Schönheit beauté, *w*
Schrank armoire, *w*
Schraube vis, *w*
schrecklich affreux
schreiben écrire*
Schreibtisch bureau, *m*
schreien crier
Schrift écriture, *w*
Schritt pas, *m*
Schublade tiroir, *m*
Schuh chaussure, *w*
Schuld faute, *w*
schulden devoir*
schuldig coupable
Schule école, *w*
Schüler(in) élève, *m/w*
Schulter épaule, *w*
Schüssel plat, *m*
Schuster cordonnier, *m*
Schutz protection, *w*
schützen protéger
schwach faible
Schwäche faiblesse, *w*
Schwager beau-frère, *m*
Schwägerin belle-sœur, *w*
schwanger enceinte
Schwangerschaft grossesse, *w*
Schwanz queue, *w*
schwarz noir
schweigen se taire*
Schwein porc, *m*; cochon, *m*
Schweiß sueur, *w*
schwer lourd
Schwester sœur, *w*
schwierig difficile
Schwierigkeit difficulté, *w*
Schwimmbad piscine, *w*
schwimmen nager
schwitzen transpirer
See lac, *m*
Segel voile, *w*
sehen voir*
Sehenswürdigkeit curiosité, *w*
sehr très
Seide soie, *w*
Seife savon, *m*
Seil corde, w
sein être*
Seite (Buch) page, *w*;
(Flanke) côté, *m*
Sekunde seconde, *w*
selbst même
Sellerie céleri, *m*
selten rare
seltsam bizarre
senden envoyer

Sendung émission, *w*
Senf moutarde, *w*
Serviette serviette, *w*
setzen mettre*
setzen, sich s'asseoir*
sicher sûr
Sicherheit sécurité, *w*
Sicht vue, *w*
sichtbar visible
Silber argent, *m*
singen chanter
Sinn sens, *m*
Sitte coutume, *w*
sitzen être* assis
so comme ça, ainsi;
(mit Adj.) si, tellement
Socke chaussette, *w*
sofort tout de suite
sogar même
Sohn fils, *m*
solcher tel
sollen devoir*
Sommer été, *m*
sondern mais
Sonne soleil, *m*
sonst sinon
Sorge souci, *m*
sorgen für s'occuper de
Sorgfalt soin, *m*
Soße sauce, *w*
soviel autant
sparen épargner
Spaß plaisanterie, *w*
spät tard
spazieren gehen se promener
Spaziergang promenenade, *w*
Speisekarte carte, *w*; menu, *m*
speziell spécial
Spiegel miroir, *m*
Spiel jeu, *m*
spielen jouer
Spielzeug jouet, *m*
Spinat épinards, *m Mz*
Spinne araignée, *w*
Sport sport, *m*
Sprache langue, *w*
sprechen parler
springen sauter
Spritze seringue, *w*
Spur trace, *w*
Staat État, *m*
Staatsangehörigkeit nationalité, *w*
Stadt ville, *w*
Stand (Verkaufs-) stand, *m*
stark fort
Stau embouteillage, *m*
Staub poussière, *w*
stechen piquer
Steckdose prise, *w*
stecken mettre*
Stecker fiche, *w*
stehen être* debout
stehlen voler
steigen monter
Stein pierre, *w*
Stelle endroit, *m*
stellen mettre*
Stempel tampon, *m*
sterben mourir*
Stern étoile, *w*
Stewardess hôtesse de l'air, *w*
Stil style, *m*
still tranquille
Stimme voix, *w*
stinken puer
Stock bâton, *m*
Stockwerk étage, *m*
Stoff (Textil) étoffe, *w*
stolz fier
stören déranger
stoßen pousser
Strafe peine, *w*;
(Bußgeld) amende, *w*
Strand plage, *w*
Straße rue, *w*;
(Land-) route, *w*
Straßenbahn tram(way), *m*
Strauß (Blumen) bouquet, *m*
Streichholz allumette, *w*
Streit dispute, *w*
streiten se disputer
streng sévère
Stroh(halm) paille, *w*
Strom (Elektr.) courant, *m*;
(Fluss) fleuve, *m*
Strumpf chaussette, *w*;
(Damen-) bas, *m*
Stück pièce, *w*; morceau, *m*
Student(in) étudiant, *m*; étudiante, *w*
studieren faire* des études
Stufe (Treppe) marche, *w*
Stuhl chaise, *w*
stumm muet
Stunde heure, *w*
stur têtu
Sturm tempête, *w*
suchen chercher
Süden sud, *m*
Summe somme, *w*
Suppe soupe, *w*
süß sucré, doux

T

Tabak tabac, *m*
Tablett plateau, *m*
Tablette comprimé, *m*
Tag jour, *m*; journée, *w*
täglich quotidien
Tal vallée, *w*
tanken prendre* de l'essence
Tankstelle station-service, *w*
Tante tante, *w*
Tanz danse, *w*

tanzen danser
Tasche (Hand-) sac (à main), *m*; **(Akten-)** serviette, *w* **(Hosen-)** poche, *w*
Taschentuch mouchoir, *m*
Tasse tasse, *w*
Tätigkeit activité, *w*
Tatsache fait, *m*
taub sourd
Taube pigeon, *m*
tauchen plonger
tauschen échanger
Taxi taxi, *m*
Tee thé, *m*; **(Kräuter-)** infusion, *w*
Teich étang, *m*
Teil partie, *w*
teilen diviser; **(untereinander)** partager
Telefon téléphone, *m*
Telefonbuch annuaire, *m*
telefonieren téléphoner
Teller assiette, *w*
Teppich tapis, *m*
Termin date, *w*
teuer cher
tief profond
Tier animal, *m*
Tintenfisch seiche, *w*
Tisch table, *w*
Tochter fille, *w*
Tod mort, *w*
Toilette cabinets, *m Mz*; **(Sitz)** cuvette, *w*
Tomate tomate, *w*
Topf casserole, *w*; **(großer)** marmite, *w*
Tor porte, *w*
tot mort
töten tuer
Tourist(in) touriste, *m/w*
tragen porter
Träne larme, *w*
Traum rêve, *m*
träumen rêver
traurig triste
treffen rencontrer; **(Treffer)** atteindre*
trennen séparer
Treppe escalier, *m*
trinkbar potable
trinken boire*
Trinkgeld pourboire, *m*
trocken sec
trocknen sécher
Tropfen goutte, *w*
trotz malgré
Tuch foulard, *m*; **(Putz-)** chiffon, *m*
tun faire*
Tür porte, *w*
Turm tour, *w*
Tüte sac, *m*; sachet, *m*
typisch typique

U

Übelkeit nausée, *w*
üben s'exercer
über au-dessus de
überall partout
Überfahrt traversée, *w*
überflüssig superflu
überfüllt bondé
übermorgen après-demain
übernachten passer la nuit
überprüfen vérifier
überqueren traverser
Überraschung surprise, *w*
überreden persuader
übersetzen traduire*
Übersetzer traducteur, *m*
übertrieben exagéré
überweisen virer
überzeugen convaincre*
üblich habituel
übrig restant
Ufer bord, *m*
Uhr (Armband-) montre, *w*; **(öffentl.)** horloge, *w*
um: u. ... herum autour de
umarmen embrasser
Umgebung environs, *m Mz*
umgekehrt à l'envers
Umleitung déviation, *w*
Umschlag enveloppe, *w*
Umstand circonstance, *w*
umsteigen changer de
Umweg détour, *m*
Umwelt environnement, *m*
umziehen déménager
unangenehm désagréable
unanständig indécent
unbedingt absolument
unbekannt inconnu
und et
unentbehrlich indispensable
unerträglich insupportable
unerwartet inattendu
Unfall accident, *m*
ungefähr environ, à peu près
ungenau imprécis
ungenügend insuffisant
ungerecht injuste
ungewiss incertain
unglaublich incroyable
Unglück malheur, *m*
ungültig périmé
Universität université, *w*
Unkosten frais, m Mz
unmöglich impossible
Unordnung désordre, *m*
Unrecht haben avoir* tort
unschuldig innocent
unten en bas
unterbrechen interrompre
unterhalb au-dessous de
Unterhaltung conversation, *w*
Unterhemd maillot, *m*

Unterhose caleçon, *m*; slip, *m*
Unterkunft logis, *m*
Unternehmen entreprise, *w*
unterscheiden distinguer
Unterschied différence, *w*
unterschreiben signer
Unterschrift signature, *w*
Unterwäsche (Damen-) lingerie, *w*
unvermeidlich inévitable
unvorsichtig imprudent
unwohl mal à l'aise
Urlaub congé, *m*
Ursache cause, *w*
urteilen juger

V

Vater père, *m*
Verabredung rendez-vous, *m*
verabschieden prendre congé
verantwortlich responsable
verbessern améliorer
verbieten interdire*
verbinden relier
Verbindung liaison, *w*
verbrauchen consommer
Verbrechen crime, *m*
verdienen gagner; **(zustehen)** mériter
vereinbaren convenir*
Vergangenheit passé, *m*
vergeblich en vain
vergessen oublier
Vergleich comparaison, *w*
vergleichen comparer
Vergnügen plaisir, *m*
vergnügen, sich s'amuser
verheiratet marié
verhindern empêcher
verirren s'égarer
Verkauf vente, *w*
verkaufen vendre
Verkehr circulation, *w*
verlangen demander
verlängern prolonger
verlassen quitter
verleihen prêter
verletzen blesser
Verletzung blessure, *w*
verliebt amoureux
verlieren perdre*
verlobt fiancé
vermeiden éviter
vermieten louer
vermuten supposer
vernachlässigen négliger
verneinen nier
vernünftig raisonnable
verrückt fou
versäumen manquer
verschieden divers; **(unterschiedl.)** différent
Verschmutzung pollution, *w*
verschwinden disparaître*
versichern assurer
Versicherung assurance, *w*
verspätet en retard
versprechen promettre*
Versprechen promesse, *w*
Verstand raison, *w*
verstehen comprendre*
Versuch tentative, *w*; essai, *m*
versuchen tenter, essayer
verteidigen défendre
verteilen répartir; **(aus-)** distribuer
Vertrag contrat, *m*
Vertrauen confiance, *w*
verursachen causer
Verwaltung administration, *w*
Verwandte(r) parent, *m*; parente, *w*
verwechseln confondre
verwenden employer
verwirklichen réaliser
verzeihen pardonner
Verzeihung pardon, *m*
viel beaucoup
vielleicht peut-être
viereckig carré
Viertel quart, *m*; **(Stadt-)** quartier, *m*
Vogel oiseau, *m*
Volk peuple, *m*
voll plein
vollenden achever
vollkommen parfait
vollständig (Adv.) complètement
Vorbehalt: unter V. sous réserve
vorbeigehen passer
vorbereiten préparer
vorgestern avant-hier
vorher avant
vorläufig provisoire
Vormittag matinée, *w*
vormittags le matin
vorne devant
Vorort banlieue, *w*
Vorschlag proposition, *w*
vorschlagen proposer
Vorsicht précaution, *w*
vorsichtig prudent
vorstellen présenter; **sich etw. v.** imaginer
Vorteil avantage, *m*
vorüber passé
Vorwand prétexte, *m*
vorwärts en avant
vorziehen préférer

W

Waage balance, *w*
wach éveillé
wachsen grandir; **(Pflanzen)** pousser

Waffe arme, *w*
wagen oser
Wagen voiture, *w*;
(Fuhrwerk) chariot, *m*
Waggon wagon, *m*
Wahl élections, *w Mz*
wählen choisir;**(polit.)** voter
wahr vrai
Wahrheit vérité, *w*
wahrscheinlich probable
Wald forêt, *w*; bois, *m*
Wand mur, *m*
wandern faire* de la marche
Wanderung randonnée, *w*
Wange joue, *w*
wann? quand?
Ware marchandise, *w*
warm chaud
Wärme chaleur, *w*
wärmen chauffer
warnen prévenir*
warten attendre
warum? pourquoi?
was? quoi?, que
Waschbecken lavabo, *m*
Wäsche lessive, *w*;
(Textilien) linge, *w*
waschen laver;
Wäsche w. faire* la lessive
Wasser eau, *w*
Wasserhahn robinet, *m*
Watte coton, *m*
Wechsel change, *m*
wechseln changer
wecken réveiller
Wecker réveil, *m*
weder ... noch ni ... ni
weg parti
Weg chemin, *m*
wegen à cause de
weggehen partir*
wegnehmen enlever
weiblich féminin
weich mou
weigern, sich refuser
Weihnachten Noël, *m*
weil parce que
Wein vin, *m*
Weinberg vignoble, *m*
weinen pleurer
Weintraube raisin, *m*
weiß blanc
weit (breit) large; **(fern)** loin
Weizen blé, *m*
welcher? quel?
Welle vague, *w*
Welt monde, *m*
wenden tourner
wenig peu
weniger moins
wenigstens au moins
wenn (falls) si; **(zeitl.)** quand
wer? qui?
werden devenir*
werfen jeter
Werk (Kunst) œuvre, *w*
Werkstatt atelier, *m*;
(Auto-) garage, *m*
Werkzeug outil, *m*
Wert valeur, *w*
weshalb? pourquoi?
Wespe guêpe, *w*
Westen ouest, *m*
Wettbewerb concours, *m*
wetten parier
Wetter temps, *m*
wichtig important
wie comme; **w.?** comment?;
w. viel? combien?
wieder de nouveau
wiederholen répéter
wiedersehen revoir*
wiegen peser
Wiese prairie, *w*
wild sauvage
willkommen bienvenu
Wimper cil, *m*
Wind vent, *m*
Windel couche, *w*
Winter hiver, *m*
wirklich réel; vraiment
Wirklichkeit réalité, *w*
wirksam efficace
Wirkung effet, *m*
Wirt patron, *m*
Wissen savoir, *m*;
connaissances, *w Mz*
wissen savoir*
Witz blague, *w*
wo? où?
Woche semaine, *w*
wöchentlich hebdomadaire
woher? d'où?
wohin? où?
wohnen habiter
Wohnung appartement, *m*
Wolke nuage, *m*
Wolkenkratzer gratte-ciel, *m*
Wolle laine, *w*
wollen vouloir*
Wort mot, *m*
Wörterbuch dictionnaire, *m*
Wunde plaie, *w*
wunderbar merveilleux
Wunsch désir, *m*
wünschen désirer
Wurm ver, *m*
Wurst saucisse, *w*;
(-waren) charcuterie, *w*
Wut colère, *w*
wütend furieux;
w. werden se fâcher

Z

Zahl nombre, *m*; chiffre, *m*
zahlen payer
zählen compter

zahlreich nombreux
Zahn dent, *m*
Zahnarzt dentiste, *m*
Zahnpasta dentifrice, *m*
zart tendre
Zeichen signe, *m*
zeichnen dessiner
Zeichnung dessin, *m*
zeigen montrer
Zeit temps, *m*
Zeitschrift revue, *w*
Zeitung journal, m
Zelt tente, *w*
Zentrum centre, *m*
zerbrechen casser
zerbrechlich fragile
zerstören détruire*
Zettel fiche, *w*
Zeuge témoin, *m*
Ziege chèvre, *w*
ziehen tirer
Ziel but, *m*;
(Reise-) destination, *w*
ziemlich assez
Zimmer chambre, *w*
Zitrone citron, *m*
zögern hésiter
Zoll douane, *w*
zu (sehr) trop
Zucker sucre, *m*
zuerst d'abord
Zufall hasard, *m*
zufällig par hasard
zufrieden content
Zug train, *m*
Zugang accès, *m*
Zukunft avenir, *m*
zukünftig futur
zuletzt finalement
Zunge langue, *w*
zurückgeben rendre
zurückkehren revenir*
zurückzahlen rembourser
zusammen ensemble
zustimmen consentir
Zweck but, *m*
Zweifel doute, *m*
Zweig branche, *w*
Zwiebel oignon, m
Zwilling jumeau, *m*; jumelle, *w*
zwingen forcer

Foto: CS

Zur Tour de France werden alle Orte entlang der Route festlich geschmückt

Wörterliste Französisch – Deutsch

A

à in, an, zu, nach, bis, um (zeitl.), (versehen) mit
abeille Biene
abord: d'a. zuerst
aboyer bellen
abréviation Abkürzung (Wort)
abricot Aprikose
absent abwesend
absolument unbedingt
abus Missbrauch
accélérer beschleunigen
accepter annehmen
accès Zugang
accident Unfall
accompagner begleiten
accord: d'a. einverstanden
accrocher anhängen
accueillir empfangen
achat Kauf
acheter kaufen
achever vollenden
acide sauer
activité Tätigkeit
addition Rechnung
adieu(x) Abschied
administration Verwaltung
admirer bewundern
adresse Adresse
aéroport Flughafen
affaire Angelegenheit
affreux schrecklich
âge (Lebens-)Alter
agence: a. de voyages Reisebüro
agent: a. de police Polizist
agir handeln
agneau Lamm
agréable angenehm
agriculture Landwirtschaft
aide Hilfe
aider (qn) helfen
aigre sauer
aigu scharf, spitz
aiguille Nadel
ail Knoblauch
ailleurs anderswo
aimable freundlich
aimer lieben; **a. (bien)** mögen
ainsi so
air Luft;
avoir * l'a. aussehen
aller * gehen, fahren;
a. (bien) passen;
a. chercher holen;
a. voir besuchen
allumer anzünden, einschalten
allumette Streichholz
altitude Höhe
amande Mandel
amant Geliebter
ambassade Botschaft
ambulance Krankenwagen
améliorer verbessern
amende Geldstrafe, Bußgeld
amer bitter
ami Freund
amie Freundin
amour Liebe
amoureux verliebt
ampoule Glühbirne
amuser, s' sich vergnügen
an Jahr
âne Esel
angle Ecke, Winkel
animal Tier
année Jahr
anniversaire Geburtstag
annoncer ankündigen
annuaire Telefonbuch
annuel jährlich
apparaître * erscheinen
appareil Gerät
apparemment anscheinend
appartement Wohnung
appartenir gehören
appeler rufen, nennen;
s'a. heißen
appétit Appetit
appliqué fleißig, eifrig
apporter (her)bringen
apprendre * lernen
apprenti Lehrling
approcher, s' sich nähern
appuyer drücken (Knopf)
après nach, danachr
après-demain übermorgen
après-midi Nachmittag
araignée Spinne
arbre Baum
argent Geld, Silber
arme Waffe
armoire Schrank
arrêt Haltestelle
arrêter anhalten, aufhören
arrière: en a. hinten, rückwärts
arrivée Ankunft
arriver ankommen, geschehen
arroser gießen, wässern
art Kunst
artichaud Artischocke
article Artikel
artiste Künstler(in)
ascenseur Aufzug, Fahrstuhl
asseoir *, s' sich setzen
assez genug, ziemlich
assiette Teller
assis: être * a. sitzen

assurance Versicherung
assurer versichern
atelier Werkstatt
atteindre * erreichen, treffen
attendre warten, erwarten
attentif aufmerksam
attention Achtung;
faire a. aufpassen
atterrir landen
attestation Bescheinigung
attester bescheinigen
attraper fangen
auberge Gasthaus
aubergine Aubergine
aucun kein
au-dessous: a. de unterhalb
au-dessus: a. de oberhalb
augmenter erhöhen
aujourd'hui heute
aussi auch
autant soviel
authentique echt
automne Herbst
autorisé berechtigt
autoroute Autobahn
autour: a. de um ... herum
autre anderer
autrefois früher, einst
autrement anders (Adv.)
avant vor (zeitl.), vorher;
a. que bevor
avantage Vorteil, Nutzen
avant-hier vorgestern
avare geizig
avec mit
avenir Zukunft
avenue Allee (Stadt)
avertir benachrichtigen
aveugle blind
avion Flugzeug
avocat Anwalt; Avokado
avoir * haben;
il y a es gibt

B

bac Fähre
bagages Gepäck
bague Ring
baie Bucht; Beere
baigner, se baden
bain Bad
baiser Kuss
balai Besen
balance Waage
balayer fegen
ballon Ball
banc (Sitz-)Bank
banlieue Vorort
banque Bank (Geld)
barbe Bart
barque Boot
bas niedrig, leise;
Damenstrumpf;
en b. unten
bateau Schiff, Boot
bâtiment Gebäude
bâton Stock
batterie (Auto-)Batterie
battre schlagen, besiegen
beau schön
beaucoup viel
beau-frère Schwager
beauté Schönheit
bébé Baby
belle-sœur Schwägerin
besoin Bedürfnis;
avoir * b. de brauchen,
benötigen
bête dumm
beurre Butter
bibliothèque Bibliothek
bicyclette Fahrrad
bidon Kanister
bien gut (Adv.);
b. que obwohl
bientôt bald
bienvenu willkommen
bière Bier
bijoux Schmuck
billet (Fahr-, Eintritts-)Karte,
Geldschein
bistrot Kneipe
bizarre seltsam
blague Witz
blanc weiß
blé Weizen
blesser verletzen
blessure Verletzung
bleu blau
blond blond
bœuf Rind
boire * trinken
bois Holz, Wald
boisson Getränk
boîte Kiste, Dose;
b. aux lettres Briefkasten;
b. de nuit Nachtlokal
bon gut;
b. marché billig
bondé überfüllt
bonheur Glück
bord Rand, Ufer
bouche Mund
boucherie Metzgerei
bouchon Korken; Stau
boue Schlamm
bouger bewegen (Körperteil)
bougie Kerze
bouillir kochen, sieden
boulanger Bäcker
boulangerie Bäckerei
bouquet Strauß (Blumen)
bout Ende (räuml.)
bouteille Flasche
boutique Laden (klein)
bouton Knopf
bracelet Armband
branche Zweig
branchement Anschluss

bras Arm
briller glänzen, scheinen
briquet Feuerzeug
brocante Trödel(laden)
bronzer braun werden
brosse Bürste
brouillard Nebel
bruit Geräusch, Lärm
brûler brennen
brume Nebel (Dunst)
brun braun (Haare)
bruyant laut
bureau Büro, Schreibtisch;
b. de tabac Tabakladen
bus Bus
but Ziel, Zweck

C

cabane Hütte
cabinet: c. médical Arztpraxis;
cabinets Toilette
câble Kabel
cacahuète Erdnuss
cadeau Geschenk
cadenas Vorhängeschloss
café Kaffee
cahier Heft
caisse Kasse, Kiste
calculer rechnen
caleçon Unterhose
calendrier Kalender
calme ruhig
cambriolage Einbruch
caméra Kamera
camion Lastwagen
camping Campingplatz
canard Ente
canne: c. à pêche Angel
capable fähig
capitale Hauptstadt
car denn; Reisebus
carafe Karaffe
carotte Möhre, Karotte
carré viereckig
carrefour Kreuzung
carte Karte, Speisekarte;
c. d'identité Ausweis;
c. géographique Landkarte;
c. postale Postkarte
cas Fall;
c. d'urgence Notfall
casquette (Schirm-)Mütze
cassé kaputt
casser zerbrechen
casserole Topf
cassis Johannisbeere (schwarz)
cathédrale Kathedrale
cause Ursache;
à c. de wegen
causer verursachen
cave Höhle, Keller
ce dieser
ceci dies, das hier
ceinture Gürtel
cela das da
célèbre berühmt
céleri Sellerie
célibataire ledig
cendres Asche
cendrier Aschenbecher
centre Zentrum
cercle Kreis
céréales Getreide
cerf Hirsch
cerise Kirsche
certain gewiss
cerveau Gehirn
chacun (ein) jeder
chaise Stuhl
chaleur Hitze, Wärme
chambre Zimmer
champ Feld
champignon Pilz
chance Glück
change Wechsel
changer wechseln, ändern;
ch. de (train, bus) umsteigen
chanson Lied
chanter singen
chantier Baustelle
chapeau Hut
chaque jeder (Adj.)
charbon Kohle
charcuterie Wurstwaren
charger laden
chariot Wagen (Fuhrwerk)
chasser jagen
chat Katze
château Burg, Schloss
chaud heiß, warm
chauffage Heizung
chauffer heizen, wärmen
chauffeur Fahrer
chaussette Socke, Strumpf
chaussure Schuh
chemin Weg;
ch. de fer Eisenbahn
chemise Hemd
chèque Scheck
cher teuer
chercher suchen
cheval Pferd
cheveu Haar
chèvre Ziege
chez bei (Person) zu Hause
chien Hund
chiffon (Putz-)Tuch
chiffre Zahl, Ziffer
chocolat Schokolade
choisir wählen, aussuchen
choix Auswahl
chômeur Arbeitsloser
chose Ding, Sache
chou Kohl
chou-fleur Blumenkohl
chrétien Christ
chuchoter flüstern

ciel Himmel
cil Wimper
cimetière Friedhof
cinéma Kino
circonstance Umstand
circulation Verkehr
ciseaux Schere
citoyen (Staats-)Bürger
citron Zitrone
citrouille Kürbis
clair hell, klar
classe Klasse
clé Schlüssel
cloche Glocke
clou Nagel
cochon Schwein
cœur Herz;
par c. auswendig
coiffer frisieren
coiffeur Friseur
coin Ecke
col Kragen; (Gebirgs-)Pass
colère Wut
colis Paket, Päckchen
collectionner sammeln
colline Hügel
combien wie viel
comestible essbar
commande Bestellung
commander bestellen
comme wie, da (Grund);
c. ça so;
c. si als ob
commencer anfangen
comment wie (Frage)
commerçant Kaufmann
commerce Handel
commune Gemeinde
comparaison Vergleich
comparer vergleichen
compartiment Abteil
complètement vollständig (Adv.)
comporter, se sich benehmen
composer (de), se bestehen (aus)
comprendre * verstehen
comprimé Tablette
compte Konto
compter zählen
compte-rendu Bericht
concernant betreffend
concert Konzert
concombre Gurke
concours Wettbewerb
condiment Gewürz, Würze
condition Bedingung
condoléances Beileid
conducteur Fahrer
conduire * fahren (Auto)
conduite Benehmen
confiance Vertrauen
confirmer bestätigen
confiture Marmelade
confondre verwechseln
confortable bequem
congé Urlaub;
prendre c. verabschieden
connaissance: faire * la c. kennen lernen;
connaissances Wissen
connaître * kennen
connu bekannt
conscient bewusst
conseil Rat
consentir zustimmen
considérable beträchtlich
consigne (Flaschen-)Pfand
consommer verbrauchen
construire * bauen
consulat Konsulat
content zufrieden
contenu Inhalt
continuer fortsetzen
contraire Gegenteil
contrat Vertrag
contre gegen
contrôler kontrollieren
contrôleur Schaffner
convaincre * überzeugen
convenir * vereinbaren
conversation Gespräch, Unterhaltung
coq Hahn
coquillage Muschel (allg.)
corbeille Korb
corde Seil
cordonnier Schuster
corps Körper
correct richtig, korrekt
correspondance Anschluss (Zug)
costume Anzug
côte Küste; Rippe
côté Seite (Flanke);
à c. de neben;
de l'autre c. drüben
coton Baumwolle, Watte
cou Hals
couche Windel, Schicht
couché: être * c. liegen
coucher, se sich hinlegen
coude Ellbogen
coudre * nähen
couler fließen
couleur Farbe
couloir Korridor
coup Schlag;
c. de teléphone Anruf;
tout à c. plötzlich
coupable schuldig
coupant scharf (Klinge)
couper schneiden
couple Paar (Menschen)
cour Hof
courant Strom (Elektr.)
courbé krumm
courir * laufen, rennen
courrier: c. électronique E-Mail
courses: faire * les c. einkaufen

court kurz
couteau Messer
coûter kosten
coutume Sitte
couverts Besteck
couverture Decke (Bett)
crabe Krabbe
craindre * fürchten
crainte Furcht
cravate Krawatte
crayon Bleistift
crépuscule Dämmerung
crever platzen, krepieren
crevette Garnele
cric Wagenheber
crier schreien, rufen
crime Verbrechen
croire * glauben
croix Kreuz
cru roh
cruche Krug
crustacé Krebs (Tier, allg.)
cueillir pflücken
cuiller Löffel
cuir Leder
cuire kochen, garen
cuisine Küche; **faire * la c.** kochen
cuisinier Koch
cuisinière Köchin, Herd
culture Kultur
curieux neugierig
curiosité Neugier, Sehenswürdigkeit
cuvette Waschschüssel, Toilettensitz

D

dame Dame
danger Gefahr
dangereux gefährlich
dans in
danse Tanz
danser tanzen
date Datum, Termin
de von, aus
débarasser abräumen
debout: être * d. stehen
début Anfang, Beginn
décider entscheiden, beschließen
décision Entschluss
déclarer anmelden
décoller abheben (Flugzeug)
découvrir * entdecken
décrire * beschreiben
décrocher abhängen, abnehmen
déçu enttäuscht
dedans drinnen
défaut Defekt
défendre verteidigen
degré Grad
dehors draußen
déjà schon
déjeuner Mittagessen; **petit d.** Frühstück
délicieux schmackhaft
demain morgen
demande Bitte
demander fragen, bitten, verlangen
démanger jucken
déménager umziehen
demi halb
démodé altmodisch
denrées: d. alimentaires Lebensmittel
dent Zahn
dentifrice Zahnpasta
dentiste Zahnarzt
départ Abfahrt, Abflug, Abreise
dépecher, se sich beeilen
dépendre abhängen
dépenser ausgeben
dépenses Ausgaben
déplacer bewegen
depuis seit
déranger stören
dernier letzter
derrière hinter; Hintern
dès ab (Verhältnisw.)
désagréable unangenehm
descendre hinuntergehen, aussteigen
déshabiller, se sich ausziehen
désir Wunsch
désirer wünschen
désolé: être * d. Leid tun
désordre Unordnung
dessert Nachtisch
dessin Zeichnung
dessiner zeichnen
destinataire Empfänger
destination (Reise-)Ziel
détail Einzelheit
détour Umweg
détruire * zerstören
devant vor (räuml.), vorne
développement Entwicklung
développer entwickeln
devenir * werden
déviation Umleitung
devoir * müssen, sollen, schulden; Pflicht
diarrhée Durchfall
dictionnaire Wörterbuch
Dieu Gott
différence Unterschied
différent verschieden, anders
difficile schwierig
difficulté Schwierigkeit
dinde Pute
dîner Abendessen
dire * sagen
direct direkt
direction Richtung
disparaître * verschwinden
dispute Streit
disputer, se sich streiten

disque Platte
distance Abstand
distinguer unterscheiden
distribuer verteilen
distributeur:
d. automatique Automat
divers verschieden
diviser teilen
divorcé geschieden
document Dokument
doigt Finger
dommage Schaden; schade
donc also
donner geben
dormir * schlafen
dos Rücken
douane Zoll
double doppelt
douche Dusche
doucher, se duschen
douleur Schmerz
doute Zweifel
doux mild, süß, leise
douzaine Dutzend
drap Laken
drapeau Fahne
droit gerade; Recht;
avoir * d. Recht haben
droite: à d. rechts
droits Gebühren
drôle lustig, komisch
dune Düne
dur fest, hart
durée Dauer
durer dauern

E

eau Wasser
échange Austausch
échanger tauschen
écharpe Schal
éclair Blitz
éclater platzen
école Schule
écouter zuhören
écrire * schreiben
écriture Schrift
éducation Erziehung
effet Wirkung
efficace wirksam
effort Anstrengung;
faire * un e. sich bemühen
égarer, s' sich verirren
église Kirche
élections Wahl
élève Schüler(in)
éloigné entfernt
en in
embarcadère Anlegestelle
embouteillage Stau
embrasser küssen, umarmen
émission Sendung
emmener mitnehmen
empêcher (ver)hindern
employé(e) Angestellte(r)
employer verwenden
emprunter sich leihen
encaisser kassieren, einlösen
enceinte schwanger
encore noch
endormir, s' einschlafen
endroit Stelle, Ort
énerver aufregen
enfant Kind
enfin endlich
enlever wegnehmen
ennemi Feind
ennuyeux langweilig
enregistrer registrieren
enseigner lehren
ensemble zusammen
ensuite dann
entendre hören
entier ganz
entre zwischen
entrée Eingang, Einfahrt
entreprise Unternehmen
entrer hineingehen, eintreten
entre-temps inzwischen
enveloppe (Brief-)Umschlag
envelopper einwickeln
envers: à l'e. umgekehrt
environ ungefähr
environnement Umwelt
environs Umgebung
envoyer schicken, senden
épais dicht
épargner sparen
épaule Schulter
épeler buchstabieren
épice Gewürz
épicerie Lebensmittelladen
épinards Spinat
épingle Stecknadel
époque: à cette é. damals
épuisé erschöpft
erreur Irrtum
escalier Treppe
escargot Schnecke
espace Raum
espèce Art, Sorte;
espèces Bargeld
espérer hoffen
esprit Geist
essai Versuch
essayer versuchen, (an)probieren
essence Benzin;
prendre de l'e. Tankstelle
est Osten
estimer schätzen
estomac Magen
et und
étage Stockwerk, Etage
étang Teich
État Staat
été Sommer
éteindre * löschen, ausschalten
étendue Größe, Ausdehnung

éternuer niesen
étoffe Stoff (Textil)
étoile Stern
étranger fremd, Ausländer; Ausland
être * sein
étroit eng, schmal
études: faire * des é. studieren
étudiant(e) Student(in)
éveillé wach
événement Ereignis
éventail Fächer
évident offensichtlich
éviter vermeiden
exact genau
exagéré übertrieben
examen Prüfung
examiner prüfen
excellent ausgezeichnet
exception Ausnahme
excursion Ausflug
excuser entschuldigen
exemple Beispiel; **par e.** zum Beispiel
exercer, s' üben
exiger fordern
expéditeur Absender
expérience Erfahrung
expliquer erklären
exposition Ausstellung
exprès absichtlich
expressément ausdrücklich
expression Ausdruck
extérieur: à l'e. außen
extincteur Feuerlöscher
extraordinaire außergewöhnlich

F

fabriquer herstellen
face: en f. gegenüber
fâcher, se wütend werden
facile leicht (einfach)
facteur Briefträger
faible schwach
faiblesse Schwäche
faim Hunger
faire * machen, tun; lassen
fait Tatsache
famille Familie
fard Schminke
farine Mehl
fatigant anstrengend
fatigué müde
fatiguer ermüden
faute Fehler, Schuld
faux falsch
félicitation Glückwunsch
féliciter gratulieren
féminin weiblich
femme Frau, Ehefrau
fenêtre Fenster
fer Eisen
ferme Bauernhof
fermer schließen
ferry-boat Fähre
fête Feier, Fest
fêter feiern
feu Feuer, Ampel
feuille Blatt
fiancé verlobt
fiche Zettel; Stecker
fier stolz
fièvre Fieber
fil Faden, Draht
filet Netz
fille Tochter, Mädchen; **jeune f.** Mädchen (jugendl.)
fils Sohn
fin Ende, Schluss; fein
finalement zuletzt
finir enden
fixer festlegen
fleur Blume
fleurir blühen
fleuve Strom (Fluss)
flirter flirten
foie Leber
fois Mal, mal
foncé dunkel (Farbton)
fonctionnaire Beamte(r)
fonctionner funktionieren
fond Boden (Grund)
fontaine (Spring-)Brunnen
football Fußball
force Kraft
forcer zwingen
forêt Wald
formulaire Formular
fort stark, scharf (Speise), laut
fou verrückt
foulard (Hals-, Kopf-)Tuch
foule Menschenmenge
four Backofen
fourchette Gabel
fourmi Ameise
fragile zerbrechlich
frais frisch, kühl; Unkosten, Gebühr
fraise Erdbeere
framboise Himbeere
frapper schlagen, klopfen
frein Bremse
frère Bruder
froid kalt; **avoir * f.** frieren
fromage Käse; **f. blanc** Quark
frontière Grenze
fruit Frucht; **fruits** Obst
fumée Rauch
fumer rauchen
furieux wütend
futur zukünftig

G

gagner gewinnen, verdienen
gai fröhlich
garçon Junge
garder aufbewahren, behalten

garage Garage, Autowerkstatt
gare Bahnhof
garer, se parken
gâteau Kuchen
gauche: à g. links
général allgemein
genou Knie
gens Leute
gentil nett
glace Eis (a. Speise-)
gorge Hals, Schlucht
goût Geschmack
goutte Tropfen
gouvernement Regierung
grâce: g. à aufgrund, dank
graine Korn
graisse Fett
grand groß
grandir wachsen
grand-mère Großmutter
grand-père Großvater
gras fett
gratte-ciel Wolkenkratzer
gratuit kostenlos
grave schlimm
grêle Hagel
grille Gitter
gris grau
gros dick
grossesse Schwangerschaft
groupe Gruppe
guêpe Wespe
guérir heilen
guerre Krieg
guichet Schalter (Bank);
g. automatique Geldautomat
guide (Fremden-)Führer
guider führen

H

habiller, s' sich anziehen
habitant Einwohner
habiter wohnen
habitude Gewohnheit
habituel üblich
habituer, s' sich gewöhnen
haïr hassen
handicapé behindert
haricot Bohne
hâte Eile
hasard Zufall; **par h.** zufällig
haut hoch; **en h.** oben
hebdomadaire wöchentlich
herbe Gras, Kraut;
fines herbes Kräuter (Küche)
hérisson Igel
hésiter zögern
heure Stunde;
à l'h. pünktlich
heureux glücklich, erfreut
hier gestern
histoire Geschichte
hiver Winter
homard Hummer
homme Mann, Mensch
honnête ehrlich
honte: avoir * h. sich schämen
hôpital Krankenhaus
horaire Fahrplan
horloge Uhr (öffentl.)
hors: h. de außerhalb
hospitalité Gastfreundschaft
hôte Gast
hôtel Hotel; **h. de ville** Rathaus
hôtesse: h. de l'air Stewardess
huile Öl
huitre Auster
humide feucht
hypermarché
Großraum-Supermarkt

I

ici hier
idée Idee
île Insel
illuminé beleuchtet
image Bild
imaginer sich etw. vorstellen
important wichtig
impossible unmöglich
imprécis ungenau
impression Eindruck
imprimer drucken
imprudent unvorsichtig
inattendu unerwartet
incendie Brand
incertain ungewiss
inconnu unbekannt
inconvénient Nachteil
incroyable unglaublich
indécent unanständig
indispensable unentbehrlich
industrie Industrie
inévitable unvermeidlich
information Mitteilung;
informations Nachrichten
infusion Kräutertee
injuste ungerecht
innocent unschuldig
inquiéter, s'
sich beunruhigen
inscrire *, s' sich anmelden
insecte Insekt
insister (sur) bestehen (auf)
insolent frech
insuffisant ungenügend
insupportable unerträglich
intelligent klug
intention Absicht
interdire * verbieten
intéressant interessant
intérieur: à l'i. innen
interprète Dolmetscher(in)
interrompre unterbrechen
interrupteur Schalter (elektr.)
intestin Darm
inutile nutzlos
inventer erfinden

invitation Einladung
inviter einladen
itinéraire Reiseroute
ivre betrunken

J

jaloux eifersüchtig
jamais: ne ... j. nie
jambe Bein
jambon Schinken
jardin Garten
jaune gelb
jeter werfen
jeu Spiel
jeune jung
jeunesse Jugend
joie Freude
joli hübsch
joue Wange
jouer spielen
jouet Spielzeug
jour Tag; **j. férié** Feiertag
journal Zeitung
journée Tag
joyeux fröhlich
juger (be)urteilen
jumeau Zwilling (männl.)
jumelle Zwilling (weibl.)
jupe Rock
jurer fluchen, schwören
jus Saft
jusque: jusqu'à bis;
 jusqu'ici bislang
juste gerecht, richtig

L

là da (Ort)
là-bas dort
lac See
laid hässlich
laine Wolle
laisser lassen
lait Milch
laitue Kopfsalat
lame Klinge
lampe Lampe;
 l. de poche Taschenlampe
langue Zunge, Sprache
lapin Kaninchen
large breit, weit
larme Träne
las satt (überdrüssig)
lavabo Waschbecken
laver waschen
léger leicht (Gewicht), leise
légumes Gemüse
lent langsam
lentille Linse (Hülsenfrucht)
lessive Wäsche, Waschmittel;
 faire * la l. Wäsche waschen
lettre Brief
lever heben; **se l.** aufstehen
lèvre Lippe
liaison Verbindung
liberté Freiheit
librairie Buchladen
libre frei
lieu Ort; **au l. de** anstatt
lièvre Hase
ligne Linie
linge Wäsche (Textilien)
lingerie Unterwäsche (Damen)
lion Löwe
liquide flüssig
lire * lesen
liste Liste
lit Bett
litre Liter
livre Buch
livrer liefern
logis Unterkunft
loi Gesetz
loin fern, weit weg
loisirs Freizeit
long lang
longtemps lange (zeitl.)
longueur Länge
louer loben; (ver)mieten
loup Wolf
lourd schwer
loyer Miete
lumière Licht
lune Mond
lunettes Brille

M

mâcher kauen
machine Maschine
Madame Frau (Anrede)
Mademoiselle Fräulein
magasin Laden, Geschäft;
 grand m. Kaufhaus
maigre mager
maillot Unterhemd;
 m. de bain Badeanzug
main Hand
maintenant jetzt, nun
mais aber, sondern
maïs Mais
maison Haus
mal schlecht (Adv.);
 m. à l'aise unwohl;
 faire * m. schmerzen
malade krank
maladie Krankheit
malchance Pech (Unglück)
malentendu Missverständnis
malgré trotz
malheur Unglück
malheureusement leider
manche Ärmel
manger essen
manière Art (und Weise)
manque Mangel
manquer fehlen, versäumen
manteau Mantel

maquiller, se sich schminken
marchand Händler
marchander feilschen
marchandise Ware
marche Treppenstufe; Marsch;
faire * de la m. wandern
marché Markt
marcher zu Fuß gehen
marée(s) Gezeiten
mari Ehemann
mariage Ehe
marié verheiratet
mariée Braut
marier, se heiraten
marmite (Koch-)Topf
marron braun
marteau Hammer
masculin männlich
matelas Matratze
matin Morgen;
le m. morgens, vormittags
matinée Vormittag
mauvais schlecht
méchant böse
médecin Arzt
médicament Arznei
Méditerranée Mittelmeer
méduse Qualle
méfiance Misstrauen
meilleur besser
mélanger mischen
melon (Honig-)Melone
même selbst, sogar;
le m. derselbe;
la m. chose dasselbe;
ne … m. pas nicht einmal
mémoire Erinnerung
ménage Haushalt
mensonge Lüge
mensuel monatlich
mentir lügen
menu Speisekarte
mer Meer
mère Mutter
mériter verdienen, zustehen
merveilleux wunderbar
mesure Maß
mesurer messen
mètre Meter
mettre * stellen, legen, setzen, stecken; anziehen
meuble Möbel
midi Mittag
miel Honig
milieu Mitte;
au m. de inmitten
mince dünn, schlank
minuit Mitternacht
minute Minute
miroir Spiegel
mode Mode
moderne modern
modeste bescheiden
modifier ändern
moins weniger;
au m. mindestens, wenigstens
mois Monat
moisson (Getreide-)Ernte
moitié Hälfte
molester belästigen
moment Augenblick
monde Welt
monnaie Kleingeld
Monsieur Herr
montagne Berg, Gebirge
montant Betrag
monter hinaufgehen, (ein)steigen; **m. à cheval** reiten
montre (Armband-)Uhr
montrer zeigen
monument Denkmal
morceau Stück
mordre beißen
mort tot; Tod
mot Wort
moteur Motor
moto Motorrad
mou weich
mouche Fliege
mouchoir Taschentuch
moudre * mahlen
mouillé nass
moule Miesmuschel
moulin Mühle
mourir * sterben
mousse Schaum
moustache Schnurrbart
moustique Mücke
moutarde Senf
mouton Schaf
mouvement Bewegung
moyen Mittel; durchschnittlich
muet stumm
multicolore bunt
mur Mauer, Wand
mûr reif
muscle Muskel
musée Museum
musique Musik

N

nager schwimmen
naissance Geburt
naître * geboren werden
nappe Tischdecke
nation Nation
nationalité Staatsangehörigkeit
nature Natur
naturel natürlich
nausée Übelkeit
né geboren
nécessaire nötig
négliger vernachlässigen
neige Schnee
nettoyage Reinigung
nettoyer reinigen, putzen
neuf neu (ungebraucht)
neveu Neffe
nez Nase

ni: n. ... n. weder ... noch
nièce Nichte
nier verneinen, leugnen
noce Hochzeit (Feier)
Noël Weihnachten
noir schwarz
noisette Haselnuss
noix Nuss
nom Name
nombre Zahl, Anzahl
nombreux zahlreich
non nein
nord Norden
normal normal
nouilles Nudeln
nourriture Nahrung
nouveau neu; **de n.** wieder
nouvelle Nachricht
nu nackt
nuage Wolke
nuisible schädlich
nuit Nacht; **la n.** nachts
numéro Nummer

O

objet Gegenstand
obscurité Dunkelheit
observer beobachten
occasion Gelegenheit
occupé besetzt
occuper, s' sich beschäftigen; sorgen (für)
océan Ozean
odeur Geruch
œil Auge
œuf Ei
œuvre Werk (z. B. Kunst)
offenser beleidigen
office Amt
offre Angebot
offrir * anbieten, schenken
oie Gans
oignon Zwiebel
oiseau Vogel
olive Olive
ombre Schatten
on man
oncle Onkel
ongle (Finger-, Fuß-)Nagel
opéra Oper
opinion Meinung
opposé entgegengesetzt
or Gold
orage Gewitter
orange Apfelsine, Orange
ordinateur Computer
ordre Ordnung
ordures Abfall, Müll
oreille Ohr
oreiller Kissen
organe Organ
orge Gerste
os Knochen
oser wagen
ou oder;
 ou ... ou entweder ... oder
où wo, wohin;
 d'où woher
oublier vergessen
ouest Westen
oui ja
ours Bär
outil Werkzeug
outre: en ou. außerdem
ouvert offen
ouvrier Arbeiter
ouvrir * öffnen

P

page Seite (Buch)
paille Stroh, Strohhalm
pain Brot
paire Paar (Dinge)
paix Frieden
palais Palast
pâle bleich
panier Korb
panne Panne
panneau Schild
pantalon Hose
papeterie Schreibwarenladen
papier Papier
papillon Schmetterling
Pâques Ostern
paquet Paket
par durch, über (via), pro (jeweils)
parapluie Regenschirm
parasol Sonnenschirm
parc Park
parce: p. que weil
pardon Verzeihung
pardonner verzeihen
pareil gleich
parent Verwandter;
 parents Eltern
paresseux faul, träge
parfait vollkommen
parfois manchmal
parier wetten
parking Parkplatz
parler sprechen, reden
parmi zwischen, inmitten von
part: à p. extra;
 ne ... nulle p. nirgends
 quelque p. irgendwo
partager teilen
parti fort, weg
particulier besonderer
parti Partei; weg (fort)
partie Teil
partir * weggehen, abfahren
partout überall
pas Schritt;
 ne ... p. nicht;
 ne ... p. non plus auch nicht
passage Durchgang
passager Passagier

passé vorüber; Vergangenheit
passeport Pass
passer vorbeigehen, reichen; **p. la nuit** übernachten; **se p.** geschehen, passieren
pastèque Wassermelone
patience Geduld
pâtisserie Konditorei; **pâtisseries** Gebäck
patron Chef, Wirt
paupière Lid
pause Pause
pauvre arm
pauvreté Armut
pavé (Straßen-)Pflaster
payer (be)zahlen
pays Land
paysage Landschaft
paysan Bauer
peau Haut
pêche Pfirsich
pêcher fischen, angeln
pêcheur Fischer
peigne Kamm
peindre * malen
peine Mühe, Strafe; **à p.** kaum
peinture Malerei
pelouse Rasen
pendant während
pendre (herab)hängen
pensée Gedanke
penser denken, meinen
pente Abhang
perdre * verlieren
père Vater
périmé ungültig
permanent dauernd
permettre * erlauben
permis: p. de conduire Führerschein
permission Erlaubnis
personne Person, Mensch; **ne ... p.** niemand
personnel persönlich
persuader überreden
peser wiegen
petit klein; **p. pois** Erbse
petite-fille Enkelin
petit-fils Enkel
peu wenig; **un p.** ein bisschen; **à p. près** ungefähr
peuple Volk
peur Angst
peut-être vielleicht
pharmacie Apotheke
photo Fotografie
phrase Satz (Sprache)
pièce Stück; Raum (Zimmer); **p. de monnaie** Münze **p. de rechange** Ersatzteil
pied Fuß; **à p.** zu Fuß
pierre Stein
piéton Fußgänger
pigeon Taube
pile Batterie
pilule Pille
piment Paprika, Peperoni
piquant scharf (Speise)
piquer stechen
piscine Schwimmbad
place Platz
plafond (Zimmer-)Decke
plage Strand
plaie Wunde
plaindre *, se sich beschweren
plaine Ebene
plainte Beschwerde, Anzeige
plaire * gefallen
plaisanterie Spaß
plaisir Vergnügen
plan Plan
planche Brett
plante Pflanze
plat flach; Schüssel, Gericht (Speise)
plateau Tablett
plein voll
pleurer weinen
pleuvoir * regnen
plonger tauchen
pluie Regen
plus mehr
plutôt lieber
pneu Reifen
poche (Hosen- u. ä.) Tasche
poêle Pfanne
poids Gewicht
point Punkt
poire Birne
poireau Porree
poison Gift
poisson Fisch
poitrine Brust
poivre Pfeffer
poivron Paprika (Schote)
poli höflich
police Polizei
politique Politik
pollution Verschmutzung
pommade Salbe
pomme Apfel; **p. de terre** Kartoffel
pompiers Feuerwehr
pont Brücke
porc Schwein
port Hafen
portable Mobiltelefon
porte Tür, Tor
portefeuille Brieftasche
porte-monnaie Geldbörse
porter tragen, bringen
posséder besitzen
possible möglich
poste Post
potable trinkbar
poubelle Mülleimer
poudre Pulver
poule Huhn, Henne
poulet Hähnchen, Huhn
poumon Lunge
pour für; **p. cent** Prozent
pourboire Trinkgeld

pourquoi weshalb;
c'est p. deshalb
pourri faul (Obst)
pourtant jedoch
pousser stoßen, wachsen
poussière Staub
pouvoir * können, dürfen
prairie Wiese, Grasland
pratique praktisch
précaution Vorsicht
préférer vorziehen
prendre * nehmen;
p. pour halten für
prénom Vorname
préparer vorbereiten
près: p. de bei (örtl.)
présent anwesend
présenter vorstellen
président Präsident
presque fast
pressé eilig
pression Druck
prêt fertig, bereit
prêter verleihen
prétexte Vorwand
preuve Beweis
prévenir * benachrichtigen, warnen
printemps Frühling
prise Steckdose
prison Gefängnis
privé privat
prix Preis
probable wahrscheinlich
problème Problem
prochain nächster
prochainement demnächst
proche nahe
procurer besorgen (etw.)
produit Erzeugnis, Produkt
professeur Lehrer(in)
profession Beruf
profond tief
programme Programm
progrès Fortschritt
prolonger verlängern
promenade Spaziergang
promener, se spazieren gehen
promesse Versprechen
promettre * versprechen
prononcer aussprechen
proposer vorschlagen
proposition Vorschlag
propre eigener; sauber
propriétaire Besitzer
propriété Eigentum
prospectus Prospekt
protection Schutz
protéger schützen
protester protestieren
prouver beweisen
provisoire vorläufig
prudent vorsichtig
prune Pflaume
public öffentlich
publicité Reklame
puer stinken
puis dann
puits Brunnen
pur rein

Q

quai Bahnsteig
qualité Eigenschaft, Qualität
quand wann; als, wenn (zeitl.)
quantité Menge
quart Viertel
quartier Stadtviertel
que dass, als (Vergl.), was;
ne ... qu. nur
quel welcher
quelque: qu. chose etwas;
quelqu'un jemand;
quelques einige, ein paar
question Frage
queue Schwanz
qui wer
quitter verlassen; ausziehen (Kleidungsstück)
quoi was;
n'importe qu. irgendwas
quotidien täglich

R

raccourci Abkürzung (Weg)
raconter erzählen
radiateur Kühler
radio Radio
raisin Weintraube
raison Verstand, Grund;
avoir * r. Recht haben
raisonnable vernünftig
ramasser einsammeln
randonnée Wanderung
rapide schnell
rappeler erinnern (jmdn.)
rare selten
raser rasieren
rasoir Rasierapparat
rassasié satt
ravissant entzückend
rayon Abteilung (Laden)
réaliser verwirklichen
réalité Wirklichkeit
récemment neulich
réception Empfang
recevoir * bekommen
récolte Ernte
recommander empfehlen
reconnaissant dankbar
reconnaître * erkennen
reçu Quittung
recueillir zusammensammeln

reduction Ermäßigung
réel wirklich
réfrigérateur Kühlschrank
refuser ablehnen, sich weigern
regard Blick
regarder (an)schauen
régime Diät
région Gegend, Region
régler erledigen
regret Bedauern
regretter bedauern
rein Niere
reine Königin
réjouir, se sich freuen
relation Beziehung
relever aufheben
relier verbinden
remarquer bemerken
rembourser zurückzahlen
remercier danken
remise Rabatt
remorquer abschleppen
remplacer ersetzen
remplir füllen, ausfüllen
renard Fuchs
rencontrer begegnen, treffen
rendez-vous Verabredung
rendre zurückgeben;
r. possible ermöglichen
renseignement Auskunft
renseigner, se sich erkundigen
renverser umstoßen, vergießen
répandre streuen
réparation Reparatur
réparer reparieren
répartir verteilen
repas Mahlzeit
repasser bügeln
répéter wiederholen
répondre antworten
réponse Antwort
repos Rast
reposer, se sich ausruhen
représentation Aufführung
réseau Netz(werk)
réservation Buchung, Reservierung
réserve: sous r. unter Vorbehalt
réserver reservieren
résoudre * lösen (Problem)
respirer atmen
responsable verantwortlich
ressembler gleichen
restant übrig
restaurant Restaurant
reste Rest
rester bleiben
résultat Ergebnis
retard: en r. verspätet
retour Rückfahrt
retraité Rentner
réussir gelingen
rêve Traum
réveil Wecker, Weckruf
réveiller wecken;
se r. aufwachen
revenir * zurückkehren
rêver träumen
revoir * wiedersehen
revue Zeitschrift
rez-de-chaussée Erdgeschoss
rhume Erkältung, Schnupfen
riche reich
richesse Reichtum
rien: ne ... r. nichts
rire * lachen
rivière Fluss
riz Reis
robe Kleid
robinet Wasserhahn
rocher Felsen
roi König
rompre brechen
rond rund
roue Rad
rouge rot
route Landstraße
rue Straße
ruelle Gasse
ruisseau Bach

S

sable Sand
sac Sack, Tasche, Tüte;
s. à dos Rucksack;
s. à main Handtasche;
s. de couchage Schlafsack
sachet Tüte (klein)
saigner bluten
sain gesund
saisir ergreifen
salade Salat
salaire Lohn, Gehalt
sale schmutzig
salé salzig
saleté Schmutz
salle Saal;
s. de bains Badezimmer
salon: s. de thé Café
saluer (be)grüßen
sang Blut
sanglier Wildschwein
sans ohne
santé Gesundheit;
en bonne s. gesund
satisfait befriedigt
sauce Soße
saucisse (Brüh-)Wurst
saucisson (Dauer-)Wurst
sauf außer
saumon Lachs
sauter springen
sauvage wild
sauver retten

savoir * wissen; Wissen
savon Seife
seau Eimer
sec trocken
sécher trocknen
seconde Sekunde
secret geheim
sécurité Sicherheit
seiche Tintenfisch
seigle Roggen
sein Brust, Busen
séjour Aufenthalt
sel Salz
semaine Woche
semblable ähnlich
sembler scheinen
sens Sinn
sentier Pfad
sentiment Gefühl
sentir fühlen, riechen
séparer trennen
sérieux ernst
seringue Spritze
serpent Schlange
serrure (Tür-)Schloss
serveur Kellner
service Dienst, Bedienung, Gefallen;
s. administratif Behörde
serviette Handtuch, Serviette; Aktentasche;
s. hygiénique Damenbinde
servir * (be)dienen
seul allein, einzig
seulement nur
sévère streng
si falls, wenn, ob; doch; so
siècle Jahrhundert
signature Unterschrift
signe Zeichen
signer unterschreiben
signifier bedeuten
silence Ruhe, Stille
simple einfach
sinon sonst
situation Lage
slip Unterhose
société Gesellschaft
sœur Schwester
soie Seide
soif Durst
soin Sorgfalt
soir Abend; **le s.** abends
sol Boden
soldes Ausverkauf
soleil Sonne
sombre dunkel
somme Summe
sommeil Schlaf
sommet Gipfel
son Klang
sonner klingeln
sonnette Klingel
sortie Ausgang, Ausfahrt
sortir (hin)ausgehen
sot dumm
souci Sorge
soudain plötzlich
souffler blasen
soupe Suppe
source Quelle
sourcil Augenbraue
sourd taub
sourire * lächeln
sous unter
soutien-gorge Büstenhalter
souvenir Andenken;
se s. * (de) sich erinnern (an)
souvent oft;
le plus s. meistens
sparadrap Heftpflaster
spécial speziell
sport Sport
stand Verkaufsstand
stationnement Parken
station-service Tankstelle
stupide blöd
style Stil
succès Erfolg
sucre Zucker
sucré süß
sud Süden
sueur Schweiß
suffire * ausreichen
suivant nächster, folgender
suivre * folgen
superflu überflüssig
supermarché Supermarkt
supplément Zuschlag
supporter ertragen
supposer vermuten
sur auf
sûr sicher
sûrement bestimmt (Adv.)
surprise Überraschung
surtout besonders

T

tabac Tabak
table Tisch
tableau Gemälde, Bild
tache Fleck
tâche Aufgabe
taille Größe (Kleidung)
taire *, se schweigen
tampon Stempel
tante Tante
tapis Teppich
tard spät (Adv.);
plus t. später, nachher
tasse Tasse
taxi Taxi
teinturerie Reinigung (Betrieb)
tel solcher
téléphone Telefon
téléphoner anrufen

télévision Fernsehen
tellement so (Adj.)
témoin Zeuge
tempête Sturm
temps Zeit, Wetter;
à t. rechtzeitig;
de t. en t. ab und zu
en même t. gleichzeitig
tendre zart
tenir * halten
tentative Versuch
tente Zelt
tenter versuchen
terminer beenden; **se t.** enden
terminus Endstation
terre Erde
tête Kopf
têtu stur
thé Tee
tiers Drittel
timbre Briefmarke
tirer ziehen; schießen
tiroir Schublade
toît Dach
tomate Tomate
tomber fallen
tonneau Fass
tonnerre Donner
tort: avoir * t. Unrecht haben
tôt früh (Adv.)
toucher berühren, anfassen
toujours immer
tour (m) Fahrt
tour (w) Turm
touriste Tourist(in)
tourner drehen, wenden, abbiegen
tous alle; **t. les deux** beide
tousser husten
tout alles, ganz;
t. de suite sofort;
t. droit geradeaus
toux Husten
trace Spur
traducteur Übersetzer
traduire * übersetzen
train Zug
traitement Behandlung
traiter behandeln
tram(way) Straßenbahn
tranquille ruhig, still
transpirer schwitzen
travail Arbeit
travailler arbeiten
travailleur fleißig
travers: à t. (quer) hindurch
traversée Überfahrt
traverser überqueren
tremblement: t. de terre Erdbeben
très sehr
tribunal Gericht (Justiz)
triste traurig
tromper betrügen;
se t. sich irren
trop zu (sehr), zuviel
trottoir Bürgersteig
trou Loch
trouver finden;
se t. sich befinden
truite Forelle
tuer töten
tuyau: t. d'échappement Auspuff
typique typisch

U

unique einzigartig
université Universität
urgent dringend
usage Gebrauch
usine Fabrik
utile nützlich
utiliser benutzen

V

vacances Ferien
vacciner impfen
vache Kuh
vague Welle
vain: en v. vergeblich
vaisselle Geschirr
valable gültig
valeur Wert
valise Koffer;
faire * la v. Koffer packen
vallée Tal
vapeur Dampf
veau Kalb
véhicule Fahrzeug
vélo Fahrrad
vélomoteur Moped
vendre verkaufen
venir * kommen
vent Wind
vente Verkauf
ventre Bauch
ver Wurm
verglas Glatteis
vérifier überprüfen
vérité Wahrheit
verre Glas (a. Trinkglas)
verser eingießen, einschenken
vert grün
veste Jacke
vêtements Kleidung
viande Fleisch
vide leer
vie Leben
vieux alt
vignoble Weinberg
village Dorf
ville Stadt
vin Wein
vinaigre Essig
virage Kurve
virer abbiegen, überweisen

virgule Komma
vis Schraube
visage Gesicht
visible sichtbar
visite Besuch
visiter besichtigen
vite schnell (Adv.)
vitesse Geschwindigkeit, Gang (Auto)
vitre Glasscheibe
vitrine Schaufenster
vivre * leben
voici hier ist
voie Gleis, Fahrbahn
voilà da ist
voile Segel
voir * sehen
voisin Nachbar
voiture Auto, Wagen
voix Stimme
vol Flug; Diebstahl
volaille Geflügel
voler fliegen; stehlen
voleur Dieb
volontiers gerne
voter wählen (politisch)
vouloir * wollen
voyage Reise, Fahrt
voyager reisen
vrai wahr
vraiment wirklich (Adv.)
vue Sicht, Aussicht

W / Y / Z

wagon Waggon
yaourt Jogurt
yeux Augen (Mz)
zéro Null

Foto: GK

Die Autorin

Gabriele Kalmbach hat im Reise Know-How Verlag ebenfalls die folgenden Bücher veröffentlicht: *Französisch kulinarisch (Kauderwelsch Band 134), KulturSchock Frankreich* sowie die Städteführer *CityGuide Dresden, CityTrip Stuttgart* und *CityGuide Paris.*

Gabriele Kalmbach, Jahrgang 1959, lebt in Reutlingen. Schon mit elf, zwölf Jahren begeisterte sie sich für Frankreich. Die Lektüre von Trivialromanen und Historienschinken wie „Angélique" und „Désirée" prägte ihr Bild. Dem realen Frankreich galt der Enthusiasmus noch recht wenig. Er führte aber zu dem Wunsch, Französisch zu lernen, und so zu einem ersten Sprachkurs im Alter von fünfzehn Jahren: drei traumhafte Wochen in Paris!

Seitdem folgten ein Studium in Tours, mehrere Aufenthalte für Praktika und viele Urlaubsreisen nach Frankreich. Durch den regelmäßigen Aufenthalt in Frankreich lernte sie auch die Umgangssprache und den „Slang" ihrer Generation kennen. Eine Reise nach Frankreich ohne Sprachkenntnisse hält sie für wenig sinnvoll. Franzosen lieben ihre Sprache und setzen es als selbstverständlich voraus, dass auch Ausländer sie beherrschen. Englisch oder Deutsch sprechen Franzosen äußerst unwillig, selbst wenn sie die Sprache gelernt haben. Wer also mit Franzosen in Kontakt kommen will, kommt ums Vokabellernen nicht herum.

Angesichts der „Französischen Zustände" wich die heiße Vorliebe für das Traumland einer nicht mehr ganz so stürmischen Liebe – das Paradies auf Erden scheint Frankreich nun nicht mehr. Die Anziehungskraft des Landes und seiner Bewohner ist darum nicht geringer.